日本人が知りたい

台湾人の
当たり前

台湾華語リーディング

二瓶里美、張 克柔 著

SANSHUSHA

はじめに

　今、十数年前の日本では考えられないほど、台湾は身近な存在になりました。書店をのぞけば台湾の雑誌特集や旅行本、テレビをつければ台湾の旅番組、ネットを開けばYouTuber の台湾関連動画など、台湾情報を探せば枚挙にいとまがありません。

　2000 年代から海外渡航先として人気が出始めていた台湾の魅力は、「食べ物がおいしい」「人が親切」「治安がいい」「近い」などがまず挙げられますが、東日本大震災の際の義援金をきっかけに、台湾の存在感は格段に大きくなりました。今や多くの日本人が一番親しみのある国・地域として真っ先に台湾を挙げるでしょうし、その逆もまた然りで、概ね相思相愛の国際関係といえると思います。

　そんな台湾と台湾人に興味があるという方にぜひお薦めしたいのが本書です。本書では、今更聞けない基本的なことから、今ひとつ納得できていなかったことまで 100 の疑問を解消します。中学・高校で習った歴史や、社会・文化習慣など幅広い項目を取り上げました。日本語・中国語併記のため、興味のある項目のどこからでも読み進め、楽しみながら自然に中国語で読む力をつけられます。また、会話例のフレーズを覚えれば、台湾人との会話にも生かしていただけるでしょう。会話例は、20 ～ 40 代に設定しています。

　「台湾人の当たり前」は唯一の正解ではありません。誤解を恐れずに申し上げるなら、本書を読んで「私は違う」という台湾人もいるかもしれません。そもそも台湾は多民族文化です。また激変する歴史環境を体験し生き抜いていますから、世代間や信仰の違いによるギャップも大きいです。しかし、その多様性の共存こそが台湾の魅力の一つであるといえるでしょう。異文化は時に奇異に見えますが、その背景を知ることがリスペクトにつながります。もし台湾について「不思議だな」「もっと知りたいな」と思ったら、ぜひ本書を入り口にして、麗しの島への航海に漕ぎ出してみてください。そして、皆さんがそれぞれの「台湾人の当たり前」を探る一助としていただけたら、これに勝る喜びはありません。

二瓶 里美

張 克柔

※日本では「原住民」は差別語に当たるとされ、通常先住民と表記しますが、台湾では差別的な意味はなく原住民自身が認める呼称のため、本書では「原住民」を採用します。

この本の構成

日常生活、地理歴史、現代社会、文化芸術、その他の5分野から50のテーマを選び、100の質問を挙げています。それぞれ、「記事」と「会話」からなり、章末にはテーマに関するキーワードをまとめました。

記事編

最初の2ページは、台湾に関してみなさんが関心のあるテーマについてです。単語のヒントがあるので、初めてリーディングにチャレンジする方にも向いています。

思わず読みたくなる質問

台湾華語が分からなくても楽しめる対訳

読む上でヒントとなる単語のリスト

会話編

次の2ページでは、このテーマで台湾人と話したらどんな質問が可能か、会話をシミュレーション。会話の展開例は中級者も参考になります。

今さら聞けない質問からいつか聞きたかった質問まで

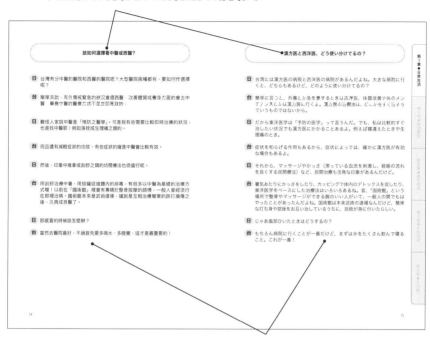

台湾人とのコミュニケーションですぐに役立つ会話例

キーワード

各章末に、本書で扱ったテーマに関するキーワードをまとめました。台湾文化についてさらに理解が深まります。

目 次

日常生活

第1章

日常生活

寒い食べ物、熱い食べ物って？
食物的屬性分寒熱?

　　在台灣，中醫的概念深入飲食面，被廣泛運用在日常生活中。所有的食材都能粗分為三種屬性：「讓身體降溫的食物（寒涼性）」、「讓身體暖和的食物（溫熱性）」、「兩者都不是的食物（平性）」，按照季節和身體狀況，選擇適合入口以及應該忌口的食物。

　　來舉幾個具體的例子，比如小黃瓜、苦瓜、西瓜……等瓜類、綠豆、蓮藕、蘆筍、海帶、昆布……等是寒涼性；蔥、薑、紅豆、荔枝、牛肉、羊肉……等是溫熱性；花椰菜、菜豆、香菇、玉米、豬肉、雞肉、魚肉是屬於平性。有些食材很相似，屬性卻不同，這點滿有趣的。其中白蘿蔔很特別，生吃是寒涼性，煮熟之後變平性，像這樣屬性會變化的食材也不少。

　　至於該如何食用，要看季節、身體狀況和體質，例如熱天要吃降火的寒涼性，反之，冬天適合吃讓身體暖和的溫熱性。基本上夏天收成的食材以寒涼性居多，冬天則是溫熱性居多，所以只要吃當季的食材，自然就能攝取身體所需的東西。另外，咳嗽、感冒流鼻水或月經來的時候要避免吃寒涼性的食材，發燒或發炎的時候要避開溫熱性的，容易手腳發冷或容易疲倦、容易水腫的人要多吃溫熱性的，容易長痘痘的人要多吃寒涼性的，不少人會自然而然地遵循這些原則。這種觀念是從上一代傳給下一代，在文化中深根蒂固，就算不是中醫師或專家，大家多少都有基礎的知識，實踐在日常生活中。

中醫	東洋医学、漢方／漢方医
寒涼性	（東洋医学の考え方による）体を冷やす食べ物
溫熱性	（東洋医学の考え方による）体を温める食べ物
平性	体の温冷に影響しない食べ物
降火	（東洋医学の考え方による）体にこもった熱を冷ますこと

台湾では東洋医学の考え方が食事に関しても浸透しており、日常生活に広く
取り入れられています。すべての食材は、大きく分けて「体を冷やす食べ物（寒
涼性）」、「体を温める食べ物（温熱性）」、「どちらでもない食べ物（平性）」の
三つに分類され、季節や体調によって食べるべき物、食べない方がいい物を選
ぶのです。

　具体的な例をいくつか挙げましょう。キュウリ、ゴーヤ、スイカなどの瓜類、
緑豆、レンコン、アスパラガス、ワカメ、昆布などは寒涼性、ネギ、ショウガ、
小豆、ライチ、牛肉、羊肉などは温熱性、ブロッコリー、インゲン、シイタケ、
トウモロコシ、豚肉、鶏肉、魚は平性に属します。似たような食材でも、属性
が違う場合もあるのが面白いですね。中には大根のように、生は寒涼性、火を
通すと平性と、属性が変化する食材もあります。

　どのように食べ分けるかは、季節、体調、体質によって変わります。例えば、
暑い夏は体を冷やす寒涼性、逆に冬は体を温める温熱性がいいとされます。基
本的に夏に採れる食材は寒涼性が多く、冬は温熱性が多いですから、旬の食材
を食せば、自然と体が必要な物を摂取できるといわれます。そのほか、咳・鼻
水の風邪や月経時には寒涼性の食材を避け、発熱時や炎症があるときは温熱性
を避けます。冷え性の人や疲れやすい人、むくみやすい人は温熱性を多めに、
吹き出ものが出やすい人は寒涼性を多くとるなど、自然と意識している人が多
いです。こうした考え方は親から子へと語り継がれ、文化としても深く根付い
ているため、漢方医や専門家でなくとも、皆ある程度の基礎知識があり、日常
生活に取り入れています。

該如何選擇看中醫或西醫？

日 台灣有分中醫的醫院和西醫的醫院吧？大型醫院兩種都有，要如何作選擇呢？

台 簡單來說，有外傷或緊急的狀況會選西醫，改善體質或養身方面的會去中醫。畢竟中醫的醫療方式不是立即見效的。

日 難怪人家說中醫是「預防之醫學」。可是我有些需要比較即時治療的狀況，也是找中醫耶！例如落枕或生理痛之類的。

台 而且還有減輕症狀的功效，有些症狀的確是中醫會比較有效。

日 然後，印象中推拿或刮痧之類的坊間療法也很盛行呢。

台 用刮痧治療中暑，用拔罐促進體內的排毒，有很多以中醫為基礎的治療方式喔！以前在「國術館」裡會有專精於整骨按摩的師傅，一般人曾經流行在那裡治病。國術館本來是武術道場，據說是互相治療簡單的跌打損傷之後，久病成良醫了。

日 那感冒的時候該怎麼辦？

台 當然去醫院最好，不過首先要多喝水、多睡覺，這才是最重要的！

漢方医と西洋医、どう使い分けてるの？

日 台湾には漢方医の病院と西洋医の病院があるんだよね。大きな病院に行くと、どちらもあるけど、どのように使い分けてるの？

台 簡単に言うと、外傷とか急を要するときは西洋医、体質改善や体のメンテナンスとかは漢方医に行くよ。漢方医の治療法は、どこかをすぐ治すっていうものではないから。

日 だから東洋医学は「予防の医学」って言うんだ。でも、私は比較的すぐ治したい状況でも漢方医にかかることあるよ。例えば寝違えたときや生理痛のとき。

台 症状を和らげる作用もあるから、症状によっては、確かに漢方医が有効な場合もあるよ。

日 それから、マッサージやかっさ（滞っている血流を刺激し、経絡の流れを良くする民間療法）など、民間治療も活発な印象があるんだけど。

台 暑気あたりにかっさをしたり、カッピングで体内のデトックスを促したり、東洋医学をベースにした治療法はいろいろあるね。昔、「国術館」という場所で整骨やマッサージができる腕のいい人がいて、一般人の間でもはやったことがあったんだよね。国術館は本来武術の道場なんだけど、簡単な打ち身や捻挫をお互い治しているうちに、技術が身に付いたらしい。

日 じゃあ風邪ひいたときはどうするの？

台 もちろん病院に行くことが一番だけど、まずは水をたくさん飲んで寝ること。これが一番！

　　旅行中也許會突然生病或受傷，前往醫療機構的可能性並非為零，所以即使沒有住在當地，也會想了解一下醫療環境吧。在這點，台灣的醫療水準就算與日本相比也毫不遜色，特別是被指定為醫學中心的大型醫院，在國際媒體的評價甚高。台灣的醫療院所按照病床數量及規模等指標，由小到大分為「基層診所」、「地區醫院」、「區域醫院」與「醫學中心」的四種等級。其中區域醫院和醫學中心採用仿效美式系統的醫院評鑑，需取得醫療品質策進會的認證。另外，根據2016 年的調查指出，台灣已有 18 間醫療院所取得美國 JCI 國際醫院評鑑組織的認證，可在這類醫院接受最先進的治療。

　　健康保險指的是「全民健康保險」，台灣人民普遍適用的保險制度。這是不論年齡、所得、職業，一出生皆可平等享有的權利。合法居留於台灣的外籍人士，只要加入全民健康保險，繳納健保費，就可以和台灣人民享有同樣的醫療福利。個人的就診紀錄、用藥履歷、醫療費用等資訊，被記載在附有照片的 IC 載具「健保卡」上面，透過雲端系統進行管理。而且這些紀錄，不只提供給醫療單位，個人也能在線上搜尋檢閱。

　　此外，只要符合條件，就能免費做牙齒保健、子宮頸癌篩檢、乳癌篩檢……等健檢。台灣在實施全民健康保險制度之後，男女的平均壽命都有延長。根據內政部的調查，2017 年的平均壽命，女性是 83.7 歲、男性是 77.3 歲，創下歷年來的最高紀錄。當然生活品質的提升、對食品安全和運動保健的意識高漲也是要因之一，不過醫療水準的發展和先進的健保制度，一定也帶來相當大的影響。

醫院	病院
診所	診療所、クリニック
載具	デジタルデータを保存するツール
雲端	クラウド
篩檢	検診、検査

旅行中でも急な病気やけがなど、医療機関に行く可能性はゼロではありません。そうなると住んでいる人でなくても、医療環境については知っておきたいですね。その点、台湾の医療水準は日本と比べても遜色なく、特に医学センターに指定されている大きな病院ともなると国際的なメディアにも高く評価されています。台湾の病院は、病床数や規模などによって小さい順から「診療所」、「地区病院」、「地方病院」、「医学センター」の四つに分けられます。このうち地方病院、医学センターはアメリカ型システムをベースにした病院評定と、医療品質策定推進会の認証を取得しています。そのほか、2016 年の調査では、台湾の 18 の医療機関が、アメリカ・JCI 国際病院評価機関の認証を取得しました。そのため、そうした病院では先進医療が受けられます。

　健康保険は、「全民健康保険」と呼ばれる国民皆保険制度です。年齢、所得、職業に関わらず、出生した時点から皆平等に享受する権利が生じます。台湾に合法的に居留する外国人も、全民健康保険に加入し、保険料を納めている限り、台湾人と同様の医療を受けることができます。個人の診療記録、投薬履歴、医療費などは、IC チップが搭載された写真付きの「全民健康保険証」に記録されており、クラウドシステムによって管理されています。この記録は、医療機関だけでなく本人もオンラインで検索・閲覧できるようになっています。

　また、歯科クリーニング、子宮頸がん検診、乳がん検診などの検査も、条件さえ合えば無料で受診できます。台湾では全民健康保険の実施後、男女ともに平均寿命が伸びました。内政部によると、2017 年の平均寿命は女性 83.7 歳、男性 77.3 歳で、過去最高を記録。もちろん生活の質が上がり、食の安全、スポーツなどへの関心が高まっていることも要因の一つですが、医療水準の向上や先進的な保険制度が大きく影響していることは間違いないでしょう。

感冒也會去醫院嗎？

日 在日本如果是感冒或症狀很輕的話就不會去醫院，可是在台灣稍微有些喉嚨痛，大家就會勸我去看醫生。

台 可能大家普遍認為成藥不太有效吧！而且醫院的掛號費很便宜，跟成藥差不多，那還不如直接去醫院找醫生看看。

日 掛號費大概收多少？

台 看一次收 150～200 元，而且通常包含健保給付的藥劑費。

日 那真的很便宜！

台 在台灣可以用低廉的費用接受高水準的診療，很多住在國外的台灣人會專程為了就醫而回國。

日 健康檢查也很便宜嗎？

台 例如 30 歲以上的女性每 3 年享有一次免費的子宮頸癌篩檢，50 歲以上的人每 2 年一次免費大腸癌篩檢等等，有不少符合條件就能報名的免費健康檢查。有些公司會出公費提供最基本的健康檢查，不過要增加額外的項目就要花不少錢了。

日 大家每年都會去健康檢查嗎？

台 通常不會每年耶！除了工作上要接觸化學藥劑等特殊職業的人以外，勞基法規定一般勞工有接受健檢的義務，年滿 65 歲以上是 1 年一次，40 歲以上、未滿 65 歲是 3 年一次，未滿 40 歲是 5 年一次。如果不是自己主動，可能都是幾年才做一次吧！

日 其實我上次在台灣做健康檢查，明明同事都在附近，體重還被大聲唸出來，真是糗死了。

台 台灣人對個資的態度可能比較開放。很多人不太在意別人的事情，如果想保有隱私，的確會有點困擾。

風邪ひいても病院に行くの？

日 日本では風邪とかの軽い症状だと病院に行かないんだけど、台湾では
ちょっと喉が痛いだけでも病院に行った方がいいって言われるよね。

台 市販の薬はあんまり効かないっていう認識があるからかな。それに病院
の診察代が安くて市販の薬とそう変わらないから、むしろ病院で医者に
診てもらった方がいい。

日 診察代はいくらくらいなの？

台 1回の診察につき 150 ～ 200 元。保険適用内なら薬代もそれに含まれ
るよ。

日 それは本当に安い！

台 台湾は高水準の医療を安く受けられるから、海外在住の台湾人の多くは
治療のためだけに帰国するんだよ。

日 健康診断も安く受けられるの？

台 30 歳以上の女性は子宮頸がん検査が 3 年に 1 回無料とか、50 歳以上の
人は大腸がん検査が 2 年に 1 回無料とか、一定の条件で受けられる特定
の無料検査はあるよ。ほかに会社が負担する基本的な健康診断もあるけ
ど、それ以外にいろいろオプションを付けると安くはないと思う。

日 健康診断はみんな毎年受けに行くの？

台 毎年は受けないね。化学薬品を扱うとか特殊な仕事に就いている人以外、
一般的な職業の場合は、65 歳以上は 1 年に 1 回、40 歳以上 65 歳未満
は 3 年に 1 回、40 歳未満は 5 年に 1 回が労働基準法で定められている義
務なので、自主的に受けない限り健康診断は数年ごとかな。

日 実はこの前台湾で健康診断を受けたら、周りに同僚がたくさんいるのに、
大声で体重を読み上げられたんだよ。恥ずかしかった。

台 台湾人は個人情報にはオープンな傾向があるかもしれない。他人のこと
を気しない人が多いから、プライバシーを大切にしたいときは確かに困
ることもあるね。

03 外食する人が多いの？
外食的人很多嗎？

　　在台灣，尤其是都會區，外食人口確實比日本多很多，三餐都外食的台灣人也不少。最主要的幾個原因是有很多便宜又美味的店，下廚反而比外食還要花錢，而且外食也能省去處理垃圾的麻煩。

　　首先針對「外食很便宜」這點，具體舉例說明的話，在台北 10 顆水餃是 40～100 元，套餐在 100 元上下就足以飽食一頓。當然價格的差異幅度很大，一餐要花費 300～1,000 元的時髦咖啡廳或熱門的餐廳也不少，但是維持在低價位、美味程度仍不在話下的選項也非常多。而且經常會有全家人的作息時間都不同的狀況，平常各自在便宜的小吃店解決，家庭或朋友聚會的日子才多花點錢去知名的餐廳，依照目的決定外食地點的人很多。

　　接著談到「下廚比較貴」這件事，首先雞蛋和牛乳等乳製品和很多進口食品比日本來得昂貴。台灣本地產的蔬菜水果相對地價錢較低，但是一整年的濕度偏高，食材不像日本可以保存多日，必須盡快食用完畢。而且，台灣不太會像日本一樣販售為單身人士考量的小包裝蔬菜，如果不是習慣每天下廚的人，一餐很難控制在 50 元之內。既然費事耗時，又不能省錢的話，不如選擇外食。

　　關於第三點「丟垃圾」的狀況，台灣的住宅區幾乎沒有集中收集垃圾的據點，但是垃圾車出現的頻率很高，可以在每天早晚拿去定點丟，但是必須配合垃圾車出現的時間。這對忙碌的人來說是很辛苦的事，因此設法減少家庭垃圾也是選擇外食的主因。另外，台灣對食品安全的重視也是年年高漲。雖然台灣的外食環境相當豐富，打造家庭菜園或水耕栽培的人卻也在增加中。看來不管是外食或下廚，如何吃得更安心，將成為今後不可或缺的資訊吧。

下廚	（台所で）食事の支度をする
價位	価格帯
進口	輸入（する）
單身人士	単身者

　台湾の、特に都市部は、確かに日本と比べ外食人口が多いと思います。3食外食という台湾人も少なくありません。主な理由は、安く食べられるおいしい店がたくさんあること、自炊の方がかえって外食より高くつくこと、ごみ処理が不要で便利なことなどが挙げられるでしょう。

　まず「外食が安い」について、具体的には例えば台北では水餃子10個で40〜100元、定食は100元前後で十分おなかを満たすことができます。もちろん価格帯の幅は広く、一食300〜1000元ほどするような、おしゃれなカフェや話題のレストランなども少なくないのですが、低価格に抑えられ、味もそれなりにおいしい店の選択肢もとても多いのです。家族各人の生活時間帯がばらばらなケースも多いので、普段の食事は各自リーズナブルな食堂で済ませ、家族や友達と食事を楽しむ日には奮発して人気のレストランで、と目的に合わせて外食の場を選んでいる人が多いようです。

　次の「自炊の方が割高」については、まず卵や牛乳などの乳製品や輸入品は日本よりも割高な物が多いです。台湾産の野菜や果物はそれなりに安いのですが、1年を通して湿度が高いため、日本ほど食材が長持ちせず、すぐに食材を使い切る必要があります。その上、日本のように単身者向けの少量の野菜はあまり売っていませんので、毎日料理の習慣がある人でなければ、一食50元よりも安くあげることは困難だといえるでしょう。手間と時間をかけて節約ができるわけでもないのなら、むしろ外食を選ぶでしょう。

　三つ目の「ごみ処理」についてですが、台湾の集合住宅のほとんどにごみの集積所がありません。その分ごみ収集車が来る頻度は高いのですが、毎日朝晩ごみ収集車が停車する場所・時間帯に合わせて捨てに行かなければならず、忙しい人にとってはなかなか大変です。そのため自宅でのごみを極力減らすのは快適に過ごすための大きな要素でもあるでしょう。一方で、台湾でも食に関する関心は年々高まっています。台湾の外食環境はとても豊かですが、自宅菜園や水耕栽培をする人も増えて、外食・自炊にかかわらず、どうすれば安全な食材を口にできるかという情報が今後ますます求められていくでしょう。

早餐也是外食？

日 你說有人三餐都外食，該不會連早餐都不在家裡吃吧？

台 在都市很多這種人喔！因為到處都有便宜又好吃的早餐店，沒有必要早起在家自己做啊！

日 為什麼台灣會有那麼多早餐店？

台 配合實際上的需求才出現這麼多吧！當然以前的台灣人也是在家裡吃早餐，可是現在雙薪家庭很多，早上都很忙碌，但又不能不吃早餐，配合台灣社會風氣的需求，早餐店才會如雨後春筍般出現。

日 台灣不是還有夜市？那些店是從早到晚一直開著嗎？

台 每家店營業的時間不一樣，早餐店是從早上六點左右開到中午，夜市是從晚上六點左右開到深夜，一般餐廳大多開到晚上九點左右，不過有很多火鍋店會開到半夜，還有一些專門做消夜場的涼麵店喔。

日 有這麼多選擇啊，那麼應該沒有什麼人帶便當吧？

台 不同職業的狀況差滿多的，經常需要外出或工作時間不固定的人不會帶便當，但是內勤職務的人，還是有不少人會帶便當。特別為了便當而下廚的人比較少，當然也不是沒有啦，通常活用一下晚餐的剩菜，或是外食的時候吃不完打包回來，其實都很方便。

日 話說，台灣的餐廳連熱湯都可以讓人外帶吧？不讓湯漏出來的打包手法太厲害，我都看傻了。

もしや朝ごはんも外食？

日 ３食外食もありってことは、もしかして朝ごはんも自宅で食べないの？

台 都市部はそういう人が多いよ。だって、安くておいしい朝ごはん屋がたくさんあるんだから、早起きして家で作る必要ないでしょう？

日 どうして台湾には朝ごはん屋がそんなに多いの？

台 ニーズに合わせて増えたんじゃないかな。もちろん、昔は台湾人も自宅で朝食を食べていたけど、現代は共働きの夫婦も多いし、とにかく朝は忙しい。でも朝ごはんはちゃんと食べなきゃ、という台湾社会の習慣に合わせて、朝ごはん屋が雨後のたけのこのように発展したんだよ。

日 台湾には夜市もあるでしょ？　お店は朝から晩までずーっと開いてるの？

台 お店ごとに営業時間が違うの。朝ごはん屋は朝６時ごろからお昼ごろまで、夜市は夜６時ごろから深夜まで。普通のレストランは夜９時ぐらいで閉まるところが多いけど、火鍋屋は夜中までやっているお店が多かったり、夜しか営業しない冷やし麺の店もあるよ。

日 選択肢が多いんだね。じゃあお弁当を持ってくる人もいない？

台 職種によって状況はかなり違う。外出や不規則な時間帯が多い職業の人はまず持ってこない。でも内勤の場合、お弁当持参派もけっこう多い。自炊している人ももちろんいるけど、お弁当のためだけに作る人は少ないかな。夕飯の余りを活用したり、外食したときに食べきれなかった持ち帰りを詰めたりしたら便利でしょう？

日 そういえば、台湾のレストランでは、スープでさえもお持ち帰りさせてくれるよね。漏れないようにするのがすごく上手でびっくりした。

Ⓞ4 家はどんな造りなの？
常見的住宅形式有哪些？

　　除了日治時代的日式建築，台灣幾乎沒有獨棟的住宅。都會區大多是五層樓以上的集合住宅；非都市區常見到兩三層樓高、橫向並排的「透天厝」。

　　門口不像日本有隔出玄關範圍的高低差，但是通常會有打開門之後無法直接看到裡面的屏風或隔間。房間的形狀多為長方形，喜好90度直角；台灣人不喜歡房間的形狀和角度不夠方正。此外，正門面向路口的「路沖」，或是屋內通風差也不行。而且重視通風換氣的程度，勝過體感的舒適度，連冬天也會開一點窗戶、開一下空調，隨時保持循環，不讓空氣悶在房內。這種想法和風水有關，在台灣，住宅風水是陽，墓地風水屬陰，兩者都要看風水決定地點和方位，風水的概念深植在日常生活當中。

　　另外，大門基本上是內開式，如果是雙層防盜門，外門會往外開。然後台灣經常可見外加鐵格子的窗子，這和大門是一樣的功能，用於防盜，不過很多人會放植物盆栽，或是當成下雨天也不會淋濕的曬衣處，當作多功能的附加空間。提到鐵格子，其實那種形狀別有一番趣味的「鐵花窗」，也是台灣傳統住宅的特徵之一。鐵窗在外面就看得到，如果有機會在台灣街頭散步，不妨觀察看看有哪些特別的形狀。

　　關於內部裝潢，基於氣候的關係，地板多為大理石或磁磚，木質地板很少見。加上高溫潮濕的影響，「窗戶朝東」、「浴室附窗」、「頂層以外」比較受歡迎。不喜歡頂層的原因除了「很熱」以外，建築年份久遠的中古樓容易有漏水的問題。如果是有使用隔熱建材又不易漏水的新建案就沒關係，但是台灣很多老舊公寓，目前普遍還是存有這種觀念。

日式建築	日本統治時代の建築物、和風建築物
～層樓	～階建て
通風	風通し（がいい）、換気する
磁磚	タイル
木質地板	フローリング

日本統治時代の和風の建築物を除き、台湾に戸建ての住宅はほぼありません。都市部は多くが5階以上の集合住宅、地方には「透天厝」という2、3階建ての横に連なった住宅が多く見られます。

玄関は日本の上がり框（かまち）のような高低の段差はありませんが、扉を開けたとき奥まで中を見通せないよう、ついたてや仕切りがあることが多いです。部屋の形は長方形で角は90度が好まれ、変わった形、角度の部屋は好ましくないとされています。さらにT字路の突き当たり、風通しの悪い部屋なども好まれません。特に通気に対する重要度は体感温度の快適さより高く、冬でも窓を少しだけ開けていたり、エアコンをつけたりして、空気が淀まないよう常に循環させています。これらの考え方は風水に関係があり、台湾では住宅を陽の風水とするならば、お墓は陰の風水とされ、いずれも風水によって場所や方向を決めるほど、生活に深く根付いています。

そのほか、ドアは基本内開きですが、もし二重の防犯扉なら外側のドアは外開きです。また、台湾では鉄の格子を取り付けた窓も多く見られます。これはドアと同様、防犯のためですが、植物のプランターを置いたり、雨の日でも洗濯物を濡らさずに干せたり、多目的スペースともなっています。また格子というより、意匠を凝らした形の「鉄花窓」と呼ばれるものも、台湾の伝統的な住宅の特徴の一つです。鉄窓は外から見えるので、もし台湾の街を歩くことがあったら、どのようにユニークな形があるか見てみるのも面白いと思いますよ。

内装面は、気候的な理由から床は大理石かタイルが多く、フローリングは少ないです。また気温と湿度が高いため「東向きの窓」、「窓付きの浴室」、「最上階以外」が好まれます。最上階が好まれない理由は「暑すぎる」こと以外に、築年数が古いと水漏れすることが多いから。断熱材が使用され水漏れもないような、新しい建物であれば関係ありませんが、台湾には古い建物も多いため、一般的にはまだこの考え方が浸透しています。

租房也可以改變裝潢嗎？

日 聽說在台灣租房可以自由更動裝潢，是真的嗎？

台 當然要先徵求房東的同意，不過房客自己出錢將裝潢升級，通常房東都不會有意見。畢竟房客哪天搬出去了，裝潢就全部都歸房東所有啦。

日 原來如此，房東也算是賺到了。對新房客而言，家具都到位也比較方便。

台 床架、衣櫃、冷氣機、洗衣機、冰箱，這些幾乎是必備品，而且床基本上是雙人床，很少有單人床。

日 我在租屋網上看到大部分的人會把「頂樓加蓋」、「沒有窗戶」和「地下室」設為排除的條件，但我更意外居然會有那種房子存在。

台 「頂樓加蓋」可能是台灣特有的文化吧。以前住在頂層的屋主可以自由改裝頂樓，所以很多人會加蓋房間出租給別人。但是通常蓋得很簡陋，夏天熱冬天冷，有時候要先穿過別人家的陽台才能回到頂樓，有很多不方便的地方。

日 那沒有窗戶的房子是什麼樣子？

台 小型套房在台灣本來就很少，但是隨著學生和年輕上班族在都會區的租房需求增加，有些房東就把大房間隔一隔，當作小套房出租。某些房間因為隔間的方式，可能就沒有對外的窗戶。一般人不喜歡沒有窗戶的房間，但是那種房間的租金很便宜，在市場上還是有需求。

賃貸でも内装を変えていいの？

日 台湾では、借主が内装を自由に変えていいって本当？

台 もちろん家主の承諾は必要だけど、借主が自分でお金を出してアップグレードする分には大抵文句は出ないよ。最終的に借主が出ていけば、その内装は家主の物になるわけだし。

日 なるほど。棚ぼたってやつね。逆に借主にとっては、家具がそろっているのが便利だね。

台 ベッド、クローゼット、クーラー、洗濯機、冷蔵庫なんかは必需品だね。それからベッドは基本ダブルで、シングルはあんまりない。

日 部屋探し情報を見ていると、ほとんどの人が「屋上建増し」「窓なし」「地下」をお断りの条件として挙げてるんだけど、そういう物件が存在すること自体が驚き。

台 「屋上建増し」については台湾独特の文化かも。昔は最上階の家主が屋上を自由にしてよかったから、そこに一部屋建増しして貸し出す人が多かったんだ。でも通常は造りが簡素で、夏は暑いし冬は寒い。おまけに造りによっては、いったん他人の住居のベランダや屋外の空間を経由しないと屋上の自宅に行けなかったり、いろいろ不便なことも多いみたい。

日 じゃあ「窓なし」っていうのは？

台 台湾には小さな間取りの物件自体が元々少ないんだけど、都市部では学生や若い会社員向けのワンルーム需要も増えているから、大家によっては大きい部屋を分割して、ワンルームに仕立てて貸し出す場合もあるの。そうすると、仕切り方によっては外に面する窓がない部屋もありうるってこと。窓なしは好まれないけど、そういう部屋の価格は安いから、それなりに需要はある。

05 自宅に浴槽はないの？　洗濯機はどこ？
家裡沒有浴缸嗎？洗衣機放哪裡？

　　對台灣人來說，家裡有沒有浴缸，說實話不是那麼重要的問題。因為天氣很熱，本來就沒有在浴缸泡澡暖和身體的習慣，很多人認為沖澡就足夠了。再加上台灣也有很多溫泉，想泡澡的話去泡溫泉就好了，所以溫泉在冬天非常受歡迎。當然有浴缸的住家也不少，只是有些人會當成置物空間，實際上用於泡澡的人很少。

　　話雖如此，台灣有泡腳的文化。在較大的塑膠盆內倒滿熱水，泡個 15 分鐘左右，可以促進血液循環。台灣人普遍認為泡澡不需要泡到全身，腳部有暖和就夠了。

　　放洗衣機的地方，通常滾筒式會在廚房的流理台下方，縱長型的會放在陽台。這裡指的陽台不是會被雨淋到的地方，是放在屋簷下比較深，還可以晾衣服的地方。另外，如果浴室夠寬敞，有些人也會放在浴室裡面。

　　此外，關於廁所的部分，很多地方不能直接把衛生紙沖掉。雖然這幾年包括公共設施等建設有很大的改善，可以沖衛生紙的廁所漸漸變成主流，但是老舊建物基於下水道整備不全，衛生紙會造成堵塞或倒流的問題，如廁前還是需要先確認一下。

浴缸	浴槽
泡澡	入浴する
沖澡	シャワーを浴びる
流理台	流し台
陽台	ベランダ

台湾人にとって自宅に浴槽があるかどうかは、正直あまり重要ではありません。暑いので、そもそも浴槽に浸かって体を温める習慣がなく、シャワーで十分だと考える人が多いからです。また台湾には温泉も多いので、お風呂に浸かりたいときは温泉に行けば事足りるわけです。ですから冬の温泉はとても人気があります。浴槽がある住宅ももちろんたくさんありますが、物を置くスペースと化していたり、実際に入浴に活用している人は少ないでしょう。

　とはいえ、台湾には足湯の習慣があります。大きめのたらいにお湯を張り、15分くらい温めると、血行を促進できます。台湾人は体全体で風呂に浸かるのではなく、脚を温めるだけで十分というのが一般的です。

　洗濯機のある場所は、ドラム式なら台所の流し台の下辺り、縦型ならベランダが一般的です。ベランダといっても雨に濡れてしまうスペースではなく、比較的大きな屋根があり、洗濯物も干せる場所に設置されています。そのほか、浴室が広い場合は、浴室に置かれることもあります。

　なお、トイレについては、トイレットペーパーを流せないことが多いです。公共の施設などはここ数年でかなり変わり、流せるトイレが主流になってきたのですが、やはり古い建物は下水道の整備が十分でなく、トイレットペーパーを流すと詰まったり逆流することもあるため、事前の確認が必要です。

濕氣太重，打掃衛浴很辛苦？

日 台灣濕氣這麼重，要花很多心力打掃衛浴空間吧？

台 其實沒有特別在意耶！頂多做到經常打掃，把水氣擦掉而已。

日 不過跟日本比起來，台灣在廚房裝烘碗機的機率好高喔！

台 最近很多家庭式系統廚具都會內裝，因為很難自然放乾。

日 廚餘也很難清理嗎？

台 在台灣每天早晚都會有垃圾車來收可燃垃圾，垃圾車來的時候，大家要親自出去丟，只要不錯過時機，家裡就不會囤積垃圾。而且某些大樓會有冷凍廚餘的設備。

日 哇！好方便，有動腦筋在想呢！不過需要直接去丟，代表沒有垃圾場嗎？

台 嗯，台灣沒有像日本那樣給社區統一丟垃圾的地方。某些社區大樓會有室內的垃圾分類場，交由管理員處理，不過大多數人還是要親自去丟。

日 而且台灣是不是有淋浴間和廁所很近的浴室？洗澡的時候會把馬桶弄濕的那種程度。

台 洗澡可以順便清洗廁所，不覺得很方便嗎？

日 欸，是這樣嗎？我沒想過。

台 反而像日本那種獨立的廁所，在世界上才是很少見的吧。

日 這麼說來，好像是這樣沒錯。

湿気が高いと水回りの掃除が大変？

🇯🇵 湿気が高いから、水回りの掃除は特に気を使うんじゃない？

🇹🇼 特に意識したことはないけど、こまめに掃除したり水分を拭き取ったりするぐらいかな。

🇯🇵 そういえば日本に比べると、台湾の台所には食器乾燥機が付いている確率が高いよね。

🇹🇼 ファミリータイプだと最近は付いていることが多いかな。自然乾燥しづらいから。

🇯🇵 生ごみの処理も大変？

🇹🇼 台湾は毎朝、毎晩、可燃ごみ用のごみ収集車が来るの。収集車が来たら、みんなそれぞれ直接捨てに行くわけだけど、そのタイミングを外さなければ家にごみはたまらないよ。あとは、建物によっては生ごみを冷凍してくれる設備があることも。

🇯🇵 へえ、便利だね。さすが考えられてる。でも、直接捨てに行くってことは、ごみ集積所はないの？

🇹🇼 うん、日本のような地域ごとに捨てられる場所はないよ。一部の住宅は、建物内に設けられた分別場所があって、管理人が出してくれることもあるけど、各人が出しに行くのが一般的。

🇯🇵 それから台湾には、シャワーとトイレがすごく近い浴室もあるよね。シャワーしたら、便器濡れちゃうってレベルの。

🇹🇼 シャワーするたび、トイレも掃除できて便利だと思わない？

🇯🇵 あ、そういうこと？　考えもしなかった。

🇹🇼 日本みたいに、トイレだけ独立してる方が、世界的に見て珍しいと思う。

🇯🇵 そういわれてみればそうだね。

06 冷めたご飯は食べられないの？
不吃冷掉的飯嗎？

　　冷掉的飯菜，台灣人的確不愛吃。因為對台灣人而言，飯就是要熱騰騰的。現在所謂的「台灣菜」，多少有受到日本的影響，主要以福建菜為基礎，融合中國各地菜系的元素。因此除了稱為「冷盤」的前菜以外，基本上都是煮過的熱食，而且用的油比日本料理多，可以說是以熱食為前提發展出來的菜色；從衛生方面來看，很多人也認為加熱過的熟食比較能安心食用。

　　當然台灣人也吃生菜沙拉、生魚片和壽司，不過這些生食被接受是因為被定位為異國料理，不然台灣人不會特別吃生冷的食物。而且冷食或冷飲容易發寒，對身體不好，這種想法相當普遍，所以喝水也偏好溫水或熱水。就算在炎熱的夏季，也有很多人會選擇去冰。

　　順帶一提，在台灣很多人習慣吃熱的飯糰，而且便當也要加熱過才吃，跟日本最不同的地方，應該是親手做的便當也一定要加熱這點吧。最常見的是蒸氣加熱，便當盒的材質是不鏽鋼或玻璃，學校或公司常備有大型蒸爐，早上先各自把便當放進去，到中午差不多就熱好了。加熱的時間比微波爐長，但是飯菜比較不會變太硬，熱好的便當從蒸爐中傳出濃郁的菜飯香，這也是台灣的日常風景。

熱騰騰	ほかほかと熱い、熱々な
冷盤	前菜、オードブル
熱食	温かい食事
順帶一提	ちなみに
便當	弁当

冷めたご飯は、確かに台湾人は好きではありません。なぜなら、台湾人にとってご飯とはほかほかと温かいものだからです。現在のいわゆる「台湾料理」は、日本の影響を少なからず受けつつも、主に福建料理をベースに、その他中国各地の要素が取り入れられたもの。そのため「冷盤」と呼ばれる前菜以外は、火を通した温かい料理が基本です。そもそも和食と比べると油の量も多く、温かい状態でいただくことを想定して発展した料理だからともいえるでしょう。衛生的な面からも、いったん火を通し、温かい状態で食べる方が安全と考える人も多いです。

もちろんサラダ、刺身、寿司も食べますが、あくまで外国料理という位置付けだからこそ受け入れられるのであって、そうでなければわざわざ冷えたものは食べません。そもそも冷たい料理、飲み物は体を冷やすのでよくないという考え方も浸透しているため、水も常温か白湯が好まれます。たとえ真夏の暑い日でも、氷は入れないという人が多いです。

ちなみに台湾では、おにぎりを温めて食べる人が多いですが、お弁当も温めてからいただきます。特に日本と大きく違うのは、手作りのお弁当も必ず温めるという点でしょう。蒸して温めるのが一般的なため、弁当箱の素材はステンレスかガラス製。学校や会社などには、大型の蒸し器が備えられており、そこに各々が朝弁当箱を入れておくと、お昼時にちょうど温められているといった具合です。温める時間は電子レンジより長くかかりますが、硬くなることもなく、温められたお弁当の濃厚な匂いがそこかしこから漂ってくるのが、台湾の日常風景です。

無論如何都會按時用餐是真的嗎？

日 在台灣用餐似乎不只是溫度，連時間都很講究的樣子。好像有很多餐廳在用餐時間以外都不營業。

台 正常吃飯是生活的基本原則，每天按時吃飯很重要啊！

日 可是不會因為加班或特殊狀況錯過用餐時間嗎？

台 要加班的話，有時公司會用公費叫外送的便當。既然要加班，就要先吃飽才行。反正台灣有很多便當店和餐廳，外食環境很充實，不用多花時間就能填飽肚子。

日 那台灣人在用餐時間以外都不吃東西嗎？

台 當然要看狀況，能夠正常吃三餐，不被工作影響是最理想的，但有時候也會吃消夜。所以台灣不管在哪個城市都有夜市，也有很多營業到深夜的店。

日 我知道其中有些店只有晚上才營業，好有趣喔！話說連大部分的便利商店都設有座位區，這點太方便了。

台 對啊！只要想吃東西，24 小時隨時都可以吃喔！

何があっても食事はちゃんとするって本当？

日 台湾の食事は、温度だけじゃなくて時間にもこだわりがあるみたい。普通のレストランは、食事時の時間以外は営業してないことが多いよね。

台 食事をきちんと取ることは、生活の基本条件。毎日規則正しい時間に食事することは大切でしょう？

日 でも例えば残業したり、特殊な状況で食事時を逃すことはないの？

台 残業時は、費用は会社持ちで弁当を出前してもらったりするかな。残業するなら、まず腹ごしらえしてから。いずれにしても弁当屋もレストランもたくさんあって外食環境が充実してるから、時間をかけずにお腹を満たすことができるんだ。

日 じゃあ台湾人は、食事時以外は食べないの？

台 それはもちろん場合によるよ。基本の３食は仕事に影響されず取れる環境が理想だけど、夜食を食べることもあるよ。だから台湾にはどんな街にも夜市があるし、深夜まで営業してるお店もたくさんあるの。

日 中には、夜しか営業してない食堂とかもあって面白いよね。そういえば、コンビニまでほとんどの店舗にイートインスペースがあって、すごく便利。

台 そう！　食べようと思えば24時間いつでも食事できるんだよ。

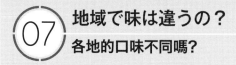

07 地域で味は違うの？
各地的口味不同嗎？

　　台灣人重視飲食生活，在這裡想吃什麼都找得到。餐飲的主軸是中菜，主食是米飯和麵食。台菜以中國大陸沿海的福建菜為基礎，後來日本料理的鐵板燒、便當、海鮮料理也傳入台灣。戰後中國大陸的八大菜系隨著移民在台灣生根，彷彿對照的香辣四川菜和甜淡江浙菜也不缺，小籠包、牛肉麵、燒餅油條……等，今日已成為代表台灣的食物。

　　在小小的台灣，各地的口味不太一樣，大致而言，就是「南甜北鹹」。比如有名的滷肉飯、肉粽或麵線，南部的調味明顯偏甜；因為南部產蔗糖，調味時加上一匙糖，或是澆上甜甜的肉燥，正是南部的特色。而且台南常被比喻為台灣的京都，飲食文化多元又深厚，處處是道地的古早味。另外，珍珠奶茶發源地之一的台中，有聊天殺時間的泡茶文化，近年很流行主題式餐廳，裝潢講求氣派有創意。相對於台南的保守，台中人喜歡追求新鮮事物，淘汰老店的速度也很快，新發明的夜市小吃或連鎖餐廳的新品牌，經常會在台中先開店，通過台中人的檢驗之後，再前進台北或其他縣市，據說這樣比較不會失敗。

　　此外，新竹和苗栗的部分地區有傳統的客家菜；西部的嘉義和東部的台東都以產稻米聞名，嘉義火雞肉飯和台東的池上飯包是在地名產；北部的基隆和南部的高雄各有大型漁港，最有名的當然就是新鮮海產。

　　麵包也是在日治時期傳入台灣，所以台灣的烘焙業走日式路線，麵包多為口感鬆軟、多奶油、多餡料；如果是歐陸以穀類原味為主的硬麵包，通常會標示「歐式麵包」。經典台式麵包是鹹麵包，尤其鬆軟麵皮上鋪滿蔥花的「香蔥麵包」和甜美乃滋加上豬肉鬆的「肉鬆麵包」是台灣人的最愛。

中菜	中華料理
蔗糖	（サトウキビを原料とする）ショ糖
主題式餐廳	テーマパーク・レストラン、コンセプトレストラン
連鎖	チェーン（店）

台湾人は飲食を重視しています。ここでは、食べたい物すべてを見つけることができます。飲食の主軸は中華料理で、主食は米と小麦粉料理です。台湾料理は中国大陸沿岸の福建料理をベースとし、後に日本料理の鉄板焼き、弁当、海鮮料理なども台湾に伝わりました。戦後、中国大陸の八大料理は移民とともに台湾に定着し、ピリ辛の四川料理や甘めで薄味の江浙料理のようなものと照らし合わせても欠けることなく、小龍包、牛肉麺、揚げパン入り焼餅などは、今日の台湾を代表する食べ物になりました。

　小さな台湾では、地域によって好みの味が少し異なります。大まかには「南は甘く、北は塩辛い」と言われます。例えば、有名な豚肉のそぼろかけご飯、ちまき、「麺線（ミェンシェン）」は、南部の味付けが明らかに甘いです。なぜなら南部は砂糖キビの産地のため、料理の際に砂糖を一さじ、あるいは甘いそぼろをかけるのがまさに南部の特徴だからです。それに台南は、よく台湾の京都と言われ、飲食文化は多様で奥深く、至る所に本場の伝統的な味があります。そのほかタピオカミルクティーの発祥地の一つである台中ではおしゃべりをして時間をつぶすお茶文化があり、最近はゴージャスで個性あるインテリアにこだわったテーマレストランがはやっています。保守派の南部と比較すると、台中人は新しい物の追求を好み、古い店が淘汰されるスピードも非常に速いです。新たに考え出された夜市の軽食やチェーンレストランの新しいブランドは、まず、よく台中に店舗をオープンし、台中人のお眼鏡にかなった後に、台北や他の都市へとさらなる展開をします。このようにすると、わりと失敗しないそうです。

　このほか、新竹と苗栗の一部の地域では、伝統的な客家料理があります。西部の嘉義（かぎ）と東部の台東は米の産地として有名です。嘉義のターキーご飯と台東の池上弁当は地元の名物です。北部の基隆（キールン）、南部の高雄にはそれぞれ大きな漁港があるので、もちろん最も有名なのは新鮮な魚介類です。

　パンも日本統治時代に台湾に伝わりました。そのため、台湾の製パン業は日本式の路線を歩み、ほとんどのパンは柔らかく、バターや餡がたくさん入っています。もしヨーロッパの穀類本来の味が主な堅いパンなら、普通は「ヨーロッパ風のパン」と表示されます。典型的な台湾風パンは塩辛いパンで、特に柔らかいパンの外側をネギで覆った「ネギパン」と、甘いマヨネーズに豚肉のでんぶを加えた「ローソンパン」は台湾人の一番のお気に入りです。

一年四季都吃火鍋？

日 「火鍋」是什麼口味？

台 「火鍋」是鍋物料理的中文，所以是總稱喔！火鍋本身沒有特定的味道，你喜歡吃哪種火鍋？

日 我喜歡麻辣鍋，中間隔成兩半，一邊辣一邊不辣那種。

台 麻辣鍋好吃耶！中間分一半的又叫鴛鴦鍋。其他常見的火鍋還有涮涮鍋、酸菜白肉鍋、羊肉爐、薑母鴨、石頭火鍋、臭豆腐鍋等，日本的壽喜燒和雞肉鍋、泰式酸辣鍋、瑞士巧克力鍋也很有人氣。

日 台灣的冬天比夏天短，火鍋店不會很難經營嗎？

台 之前經濟部統計台灣一年的火鍋市場規模超過一百億元，因為台灣人愛外食又愛聚餐，幾乎一年四季都吃火鍋，不分南北不分天氣。

日 真的嗎？一年四季都吃？

台 對啊！愛吃火鍋的程度，甚至為了解決想吃卻湊不到人的情況，使得個人小火鍋在台灣也很盛行。一人一鍋的好處，除了服務到單身貴族，同桌可以點不同口味的鍋底，也可以輕鬆約吃全素的朋友同行，不用互相配合。

日 說得也是，對素食者而言很方便。還有什麼特別的台灣火鍋文化嗎？

台 吃火鍋的時候不太喝酒，會喝酸梅汁，解膩降火。醬料大多是自助式，依照個人喜好調配，其中以魚乾、蝦米、蔥、蒜所製成的「沙茶醬」是台式火鍋必備的醬料。白飯和烏龍麵是途中吃，最後是以冰淇淋作結，很多火鍋店有放置冰淇淋的吃到飽自助吧。

一年中、鍋を食べるの？

日 「火鍋」は何味？

台 「火鍋」は鍋料理の中国語で、つまり総称だから鍋自体に決まった味はないんだよ。どんな鍋が好き？

日 麻辣鍋が好き。真ん中で二つに分かれてて、一つは辛くてもう一つは辛くないってやつ。

台 麻辣鍋はおいしいよね。真ん中で半分に分けたものは、鴛鴦鍋（おしどりなべ）って言うんだよ。そのほか一般的な鍋は、しゃぶしゃぶ、酸菜白肉鍋、ヤギ肉の鍋、アヒル肉とショウガの鍋、石焼き鍋、臭豆腐鍋など。日本のすき焼きや水炊き、トムヤムクン、スイスのチョコレートフォンデュも人気があるよ。

日 台湾の冬は夏よりも短いから、お鍋屋さんは経営が大変じゃない？

台 過去の経済部の統計によると、台湾の鍋市場の規模は年間100億元以上なんだって。台湾人は外食も会食も大好きだから、一年の四季を通して火鍋を食べるし、北や南、天候に関係なく鍋を食べるんだよ。

日 本当に？　一年中食べるの？

台 そうだよ。鍋が好きすぎて、食べたいけど人数が足りないという状況を解決するために、個人用の一人鍋も人気があるくらい。一人一鍋のメリットは、シングル貴族以外、同じテーブルで違う味を注文することができることだね。ビーガン（菜食主義の一種）の友達と一緒に行っても、お互いに合わせなくていいの。

日 そうか。ベジタリアンにとってもすごく便利。ほかに特別な台湾の鍋文化はある？

台 鍋を食べるときは、お酒をあまり飲まない。酸っぱい梅ジュースを飲んで、油を分解して体内の熱を下げるんだ。タレはほとんどセルフサービスで、個人のお好みで調合する。中でも、干物、エビ、タマネギ、ニンニクで作られた「沙茶醬（サーチャージャン）」は、台湾の鍋には欠かせない調味料なんだよ。ご飯とうどんは途中で食べて、最後にアイスクリームで締める。アイスクリーム食べ放題の鍋屋さんも多いんだ。

08 レストランでお酒は飲まないの？
在餐廳不喝酒嗎？

　　當然也有愛喝酒的台灣人，只是沒有像日本「先上啤酒再說」的習慣。用餐時通常是喝茶或湯，大部分的人認為吃飯和喝酒是兩回事，想喝酒的時候，會選擇有提供含酒精飲料的熱炒店或酒吧。

　　那麼會和誰去喝酒呢？基本上都是在自己的朋友圈約，工作結束之後約同事去喝酒是非常少見的行為。「借酒溝通」的文化只存在於日系企業，如果想找同事去吃晚飯，記住不要講「要不要去喝一杯？」比較好，因為就算吃飯 OK，聽到要喝酒的話，被拒絕的機率會變很高。況且不少台灣人以機車代步，上班日不喝酒的人相當多。

　　飲酒禮儀也有跟日本不同的地方。喝酒時，如果和誰對到眼神，在喊乾杯之後要一起把手上那杯喝光；自己想喝的時候可以邀別人喝，反之別人也會主動來乾杯，很難用自己的步調喝酒，但是習慣之後還滿歡樂的。再者，「乾杯」字面上的意思就是「喝乾杯子」，說出「乾杯」就必須喝到乾。不過有一招可以迴避，如果不太行的話，先自首「我喝半杯」或是「你乾杯，我隨意」就沒有問題。

　　此外，在 2002 年之前，酒類在台灣屬於國營專賣的商品，民營企業開始合法販售酒精，不過是這十幾年的事情而已，因此跟日本比起來，台灣本地產的酒種類還不多，此領域今後的發展相當值得期待。傳統的金門高粱酒、威士忌「KAVALAN」急速成長為世界級的廠牌，高質感的在地啤酒也陸續誕生，台灣的酒類市場正出現顯著的變化。今後，台灣人的飲酒文化說不定也會出現新的氣象。

兩回事	全く別のもの（こと）
酒精	アルコール
熱炒店	（強火の炒め物料理を中心とした）台湾居酒屋
借酒溝通	飲みニケーション
威士忌	ウイスキー

お酒を嗜む台湾人ももちろんいますが、ただ日本のように「とりあえずビール」という習慣はありません。食事時の飲み物はお茶、またはスープが一般的で、お酒と切り離して楽しむ人が多いです。お酒を楽しみたいときには、アルコールドリンクを提供するお店「熱炒（ラーチャオ）」やバーなどに行きます。

では飲みに行くとしたら誰と一緒かというと、大抵はプライベートの友人同士で、仕事が終わった後の「同僚と一杯」は非常にレアケースです。「飲みニケーション」の文化自体、日系企業以外はありませんので、もし同僚を夕飯に誘いたいときは、間違っても「飲みに行かない？」とは言わない方が無難でしょう。食事なら OK でも、お酒となると断られる確率がぐっと高くなります。そもそも台湾ではバイクに乗る人も多いので、出勤日は飲まない人が多いのです。

日本とは異なる、お酒を飲むときのマナーもあります。飲むときは、誰かと目を合わせ乾杯と言ってから、手元の杯を一緒に飲み干すのです。自分が飲みたいときには誰かを誘い、逆に誰かから乾杯を求められることもあるので、自分のペースで飲むことは難しいですが、慣れると結構楽しいものです。また「乾杯」とは読んで字のごとく「杯を飲み乾す」という意味ですので、乾杯と言ったら基本飲み干さなければなりません。ただし救済策もあり、無理な場合は「私は半杯で」「どうぞお飲みください、私は自分のペースで飲ませていただきます」など、前置きすれば問題ありません。

ところで、台湾では 2002 年まで酒は政府の専売商品でした。民間企業が合法的に酒類を販売できるようになってから、わずか十数年ほどしかたっていないわけです。そのため、日本と比べると台湾産のお酒の種類はまだ少なく、これから大いに発展が期待できる分野です。伝統的な金門のコウリャン酒のほか、ウイスキーブランド「KAVALAN（カバラン）」も世界レベルに急成長しました。質の高いクラフトビールも次々に誕生しており、台湾の酒市場に明らかな変化が起きています。そうなると、今後台湾人のお酒文化にも新たな変化が生じるかもしれません。

啤酒習慣加冰塊？

🗾 上次點啤酒，店員問我要不要加冰塊，我嚇了一跳。台灣人習慣加冰塊在啤酒裡嗎？

🇹🇼 因為天氣很熱，台灣人常喝冷飲，大部分飲料是以加冰塊為前提，但是很多重視養生的人會要求去冰或喝溫水。只有啤酒所有人都認為不冰不好喝。不過台灣天氣熱，從冰箱拿出來沒多久就不冰了，為了保持冰度，店家會主動詢問要不要加冰塊。

🗾 原來如此。可是印象中，台灣室內的冷氣開很強，大多數的餐廳內應該不會那麼快就退冰吧？

🇹🇼 台灣人幾乎都在稱為「熱炒」的台式居酒屋喝啤酒喔！那種店經常是半開放式的店面，不見得冷氣會夠強。

🗾 是這樣啊。對了，在台灣喝酒的時候，一定要和別人乾杯才能喝吧？這樣好難抓喝酒的節奏，想多喝卻喝不了。

🇹🇼 多喝幾次，習慣就好。只要拿著酒杯，看向同桌的人，一定有人會注意到你的。啊！還有，在台灣，女生最好不要倒酒。

🗾 這麼說來，的確男生比較常倒酒，有什麼原因嗎？

🇹🇼 在台灣，除非對方是從事相關工作的人，不然不太會讓女生倒酒。當然女生自己想喝，互相幫忙倒酒，那就沒有問題；如果自己沒有要喝，只是看到別人的杯子空了，那就不用幫忙倒。

🗾 那男生可以倒嗎？

🇹🇼 應該沒有問題，不過基本上都是想喝的人自己倒，不用太在意別人的杯子。

ビールに氷を入れるの？

🇯🇵 この前ビールを注文したら、氷はいるかと店員に聞かれて驚いたよ。台湾ではビールに氷を入れるの？

🇹🇼 気候が暑いから、台湾人は冷たい飲み物をよく飲むの。ほとんどの飲み物が氷を入れる前提だけど、健康を重視して氷を抜いたり白湯を飲む人も多い。それでもビールだけはぬるいとおいしくないっていう認識があるんだ。でも台湾は熱いから、冷蔵庫から出してもすぐぬるくなっちゃうでしょ？　冷たさをキープするために、店側から氷もつけますかって尋ねるの。

🇯🇵 なるほど。でも台湾の室内は、クーラーが、がんがんに効いてるイメージがあるから、大抵のレストランでは、そうそうぬるくならないよね。

🇹🇼 台湾でビールを飲むといったら、大抵「熱炒」と呼ばれる台湾の居酒屋だよ。そういう場所は開放的なオープンスペースが多いから、必ずしもクーラーが効いてるわけじゃないんだよね。

🇯🇵 そういうことかー。ところで台湾ではお酒飲むとき、必ず誰かと乾杯してから飲むよね。あのタイミングをつかむのが難しくて、飲みたいのになかなか飲めない。

🇹🇼 場数を踏めば慣れてくると思うよ。グラスを持って席を見渡すと、誰かしらが気付いてくれる。あ、あと台湾では女性はお酌をしない方がいいよ。

🇯🇵 そういえば男性がしてくれることが多いかも。どうして？

🇹🇼 台湾では、それが仕事でない限り、女性はあまりお酌しないんだ。もちろん自分が飲みたくてお互いお酌するぐらいならいいけど、女性が飲んでないときに、誰かのグラスが空いても自分から注がなくていい。

🇯🇵 逆に男性はお酌してもいいの？

🇹🇼 問題ないと思う。まあ、飲んでる人は基本手酌してるから、ほかの人のグラスには気を遣わなくていいんだよ。

09 菜食料理の店がたくさんあるよね！
為何有那麼多素食餐廳?

　　台灣四處可見「素食」的餐廳招牌，這可不是「樸素的食物」的意思，這是提供蔬食料理的餐廳。基於宗教信仰、環境和動物保護、健康養生等各種理念，素食的種類在台灣被細分化，飲食上有嚴格戒律的人也有許多選項。從秤重計費的自助餐到高級餐廳，價格分佈很廣，可配合各種狀況作選擇。

　　台灣之所以會有如此豐富的素食文化，茹素的佛教徒可以說是一大主因。以整體人民的比例來看，佛教徒的人口本身並不算多，但是虔誠的信徒都吃素，跟台灣人說日本的和尚會吃魚吃肉，一定會大吃一驚。

　　基於環保和動保的觀點開始茹素的人正在增加中。根據衛生福利部公布的標示，台灣的素食分成五種「純素（全素）」、「蛋素」、「奶素」、「奶蛋素」和「植物五辛素」，實際上能吃什麼要以個人為準，比如吃方便素的人就是不吃魚和肉，蛋、奶和五辛可以；反之，佛教徒茹素是不能吃五辛，可食用的範圍因人而異。

　　還有另外一種佔一定數量的族群，那就是「不吃牛肉」的人。水牛身為家畜，在傳統農業社會中扮演重要的角色，許多家庭視牠為家人和事業夥伴，這種想法可能也是台灣特有的文化。

　　另外，還有短期的茹素，比如求神許願的時候，發誓在某段特定期間吃素。這個概念就是犧牲某項喜好換取願望實現，有些人會戒葷食直到願望成真；有些人會在願望實現之後，以短期吃素還願，有很多種不同的方式。

　　台灣最普遍的信仰──道教，有每逢農曆初一十五要吃素的習俗，所以素食本來是出現在家常菜之中。隨著素食主義者增加，專賣素食的餐廳也變多了，種類和品質走向多樣化。現在有些普通的餐廳也會有素食菜單，選項越來越多元。

素食	菜食料理、精進料理
茹素	菜食する、肉魚類を食べない
動保	動物保護
奶蛋素	乳製品と卵は OK の菜食主義
五辛	仏教で禁じる 5 つの辛い植物 （ネギ、タマネギ、ニラ、ニンニク、ラッキョウ）のこと

台湾の街を歩くと、「素食」というレストランの看板をよく見かけます。これは「質素な食事」という意味ではなく、菜食料理を提供する店のことです。信仰、環境・動物保護、あるいは健康志向など理念はそれぞれですが、菜食の種類も細分化されていて、厳しい制約がある人にとっても多くの選択肢があります。量り売りの食堂から高級レストランまで価格帯も広いので、さまざまなTPOに合わせて選ぶことが可能です。

　台湾でこれだけ菜食料理が充実しているのは、菜食の仏教徒が大きな理由といえるでしょう。全体の割合からすれば仏教徒の人口は多くないのですが、敬虔な信者であれば必ず菜食なので、台湾人に日本ではお坊さんも肉魚を食べると言うと、とても驚きます。

　環境保護や動物保護の観点から、菜食を選ぶ人も増えています。衛生福利部の発表によると、台湾では「五辛不可」「卵可」「乳製品可」「卵と乳製品は可」「五辛（ごしん：仏教で禁じる五つの辛み）を含む植物はすべて可」の５種類に分類されていますが、何を食べるかは当人の基準によりさまざまです。例えばゆるい菜食主義者は肉や魚は食べませんが、卵や乳製品や五辛は食べます。逆に仏教菜食は五辛不可など、それぞれ食べられる範囲が変わってきます。

　またそうした人たちとは別に、「牛肉だけは食べない」という人も一定数います。牛はかつて農業社会で家畜として重要な役割を果たし、多くの家庭が牛を家族やパートナーと見なしているためですが、こうした考え方は台湾独特の文化かもしれません。

　このほか、短期の菜食、例えば願掛けをする際、期間限定で菜食料理を取る人もいます。この考え方は、一つ好きなものを犠牲にすることで願いを叶える、というもので、叶うまで肉・魚類を断つという人もいれば、叶ってから期間を決めて断つやり方など、スタイルはいろいろあります。

　台湾で最も一般的な信仰・道教でも、旧暦の毎月１日と15日だけ菜食という習慣があることから、かつて菜食料理は家庭で作られていました。菜食主義者の増加に伴い、専門的なレストランも増え、種類や質が多様化していきました。今では菜食メニューが選べる普通の店もあり、ますます選択肢が広がっています。

「羊肉」不是綿羊嗎？

日 台灣不是有「羊肉爐」嗎？原來天氣炎熱的台灣也有吃綿羊肉的習慣呀。

台 是羊肉沒錯，但那是山羊的肉喔！也是有可以吃到綿羊肉的店，不過在台灣吃「羊肉」的話，通常都是山羊肉。

日 欸？為什麼是山羊？綿羊和山羊不是完全不同的動物嗎？

台 因為在中文是「山羊」和「綿羊」，兩者都算是羊肉啊！

日 這麼說來，台灣的確滿常能喝到山羊的羊奶。不過日本很少把山羊當作食用肉，講到羊肉只會想到綿羊。那十二生肖的羊是哪一種？

台 好像兩者都可以吧！反正在生物學上很接近，台灣人也不會刻意去做區別。

日 兩者都可以？太衝擊了！對日本人而言是完全不同的動物啊！我想到之前收到的賀年卡上有很像山羊的插畫，原來那隻真的是山羊。

台 日本的豬年是山豬，台灣的是一般的豬年。

日 這個更衝擊……！菜單上的「豬肉」，我一開始以為是山豬肉。

台 同樣的漢字有不同的意思，這就是同為漢字圈才會出現的問題吧！

羊肉ってヒツジじゃないの？

日 台湾に「羊肉爐」ってあるじゃない？　暖かい台湾でもヒツジの肉を食べる習慣があるんだね。

台 羊肉は羊肉でも、ヤギの肉だよ。ヒツジが食べられるお店もあるけど、台湾で「羊肉」といえば、それは普通ヤギの肉のこと。

日 え、なんでヤギ？　ヒツジとヤギは全然違う動物じゃない？

台 中国語でヤギは「山羊」、ヒツジは「綿羊」だから、どちらも「羊」肉なんだよね。

日 そういえばヤギのミルクも、台湾ではわりとよく飲まれてるよね。でも日本ではヤギを食用にすることが少ないから、羊肉って言われたらヒツジしか思い浮かばない。じゃあ十二支の未はどっちなの？

台 どっちでもいいんじゃないかな。そもそも生物学的に近い動物だし、台湾人はあまり区別をしてないと思う。

日 どっちでもいいって、それはちょっと衝撃！　日本人にとっては、まったく別の動物だから。そういえば前に、ヤギっぽいイラストの年賀状をもらったことがあるんだけど、あれは本当にヤギだったのか。

台 日本でのイノシシ年は、台湾ではブタ年。

日 それも衝撃……。メニューにある「猪肉」も、最初はイノシシの肉かと思ったよ。

台 同じような漢字でも違う意味がある、これは漢字圏だからこそ生じる問題だね。

何でも大同電鍋で作るの？
大同電鍋什麼菜都能做嗎？

在台灣號稱一家不只一台，有一台以上都不奇怪，普及率 No.1 的家電「大同電鍋」。只要插上插頭就能做出多樣菜色，而且安全性極佳，這款電鍋在居家以外亦廣泛被使用，便利商店或街角的小吃店也經常能看到。

標題的疑問，可以說對，也可以說不對。只要想做的菜幾乎都做得出來，但是不能一直只用大同電鍋去煮菜。和日本一樣，當然需要依照用途，選用炒鍋或砂鍋等不同器具。

電鍋形狀的容器當中，分成負責加熱的外鍋，可以取出的內鍋，內外鍋之間是隔水加熱的構造。以水量調整加熱的時間，水一燒完就會自動切掉電源，或是進入保溫模式，閒置也不用擔心有失火的危險。近年來，這種電鍋在日本也可以買得到，2019 年甚至成為在雜誌上被介紹的熱賣商品，應該不少人已經知道它的魅力了。大同電鍋在台灣從 1960 年代開始販售之後，徹底征服所有的台灣家庭，至今仍是受民眾愛戴的國民家電。

為何台灣人會如此熱愛這款電鍋呢？主要有三大理由：第一個，符合台灣家常菜所需的烹調手法，比如蒸肉包，也就是說也比起煮米飯，別的功能更有所需求；第二個，只要有插頭就能一次做出不同的菜色；第三個，不用擔心焦掉或失火，安全性很高。大同電鍋採用隔水加熱的方式，一定有「蒸」的功能，除了煮飯以外，燉、煮、保溫等功能也辦得到；用較淺的內鍋疊成雙層，上面再加上蒸籠的話，可以一次煮三道不同的菜，簡直是超級方便的萬能烹飪道具。因此不少台灣人出國留學、外派工作或嫁到國外時，都會特別帶著大同電鍋。

煮菜	料理をする
加熱	温める
保溫模式	保温モード
功能	機能

台湾では一家に一台どころか一台以上あってもおかしくないほど、普及率ナンバーワンの家電、大同電鍋（だいどうでんなべ）。コンセントを差し込むだけで幾通りもの調理ができる、安全性の高いこの電気釜は、家庭以外にも広く親しまれており、コンビニエンスストアや街角の食堂でも見ることができます。

　見出しの質問の答えは、イエスでありノーです。作ろうと思えば大抵の物は作れますが、常に大同電鍋だけで料理するわけでもないからです。日本と同様に、中華鍋やキャセロールなど、用途によって調理器具を使い分けます。

　炊飯器のようなそのフォルムの中は、加熱部分の外釜と、取り外し可能な内釜から成り、外釜と内釜の間に水を入れて加熱する構造です。水の量によって加熱時間を調整でき、水がなくなれば自動的に電源が切れるか保温に切り替わるため、放っておいても火の危険がありません。近年では日本でも、この電鍋が購入できるようになり、2019年にはヒット商品として雑誌にも紹介された人気商品です。台湾では1960年の発売以来、台湾の家庭に爆発的に普及し、国民的家電として今日まで愛されています。

　なぜ台湾人はこの電鍋を愛してやまないでしょうか？　それは主に3点の理由が挙げられます。一つ目は、肉まんを蒸すなど、台湾の家庭料理の調理法にマッチしていたこと。炊飯の機能より、別の用途に需要があったわけですね。二つ目は、コンセントがあればさまざまな料理が一度にできること。三つ目は、焦げたり火事になる心配がない、安全性の高さです。水を入れて加熱するという構造上、蒸す機能が基本ですが、炊飯はもちろん、煮込み、ゆで、温めなどが可能で、内釜を浅いタイプにして二段載せたり、さらにその上にせいろを載せれば、三段別々の料理がいっぺんにできてしまう、まさにスーパー便利な万能調理器具なのです。そのため、海外留学、駐在時、あるいは海外に嫁入りの際などには、わざわざ持参する台湾人も少なくありません。

每餐都吃水果嗎？

日 台灣有那麼多美味的水果，所以會每餐都吃嗎？

台 因人而異，不過每餐都吃未免太多了吧？一年四季都不缺水果，當然很常吃，但是糖分偏高，最近很多人晚上會盡量少吃。

日 那最有人氣的水果是什麼？日本人最愛的芒果，之前聽說有些台灣人吃到膩了，真是嚇了我一跳。

台 太多了，很難選耶！台灣很重視要吃當季的水果，如果按照盛產季節舉例的話，5 月是荔枝，6 月左右有芒果、火龍果，冬天有蓮霧、蜜棗、釋迦。百香果或芭樂則是一整年都能吃到，相對的價格比較便宜。

日 光聽就想吃了，台灣真的是水果天堂呢！種類豐富，品種也好多。

台 因為現在品種改良的技術很厲害啊！以前吃鳳梨時，喉嚨會刺刺的，可能因為品種改良的關係，現在不太會那樣了。

日 像是蘋果香蕉啊，圓形的蘋果文芒果啊，尤其香蕉和芒果改良出很多不同品種的樣子。因為盛產水果，鮮榨果汁店也就隨處可見。而且價錢跟在便利商店買瓶裝的飲料沒有差多少。如果只貴一點點，當然會想在飲料店買新鮮的果汁。

台 沒錯。水果盛產之下，外銷的量也很大，不過在台灣內銷的部分，除了直接吃以外，榨成果汁、做果乾、冷凍水果等等，食用的方式也是五花八門。

日 所以台灣菜裡面常用到水果是因為這樣嗎？

台 沒有，應該是正好很對味吧！

毎食フルーツを食べるの？

日 台湾はおいしい果物がこんなにたくさんあるから、毎食食べるの？

台 人によるけど、毎食は食べ過ぎじゃない？　果物は一年中豊富だから、もちろんよく食べるけど、糖分が高いから夜は控えるという人も最近は多いよ。

日 じゃあ特に人気がある果物は何？　日本人が大好きなマンゴーを、食べ飽きたって言う台湾人もいて、驚いたことがあるんだけど。

台 たくさんありすぎて選べないなあ。台湾は旬をとても大切にするから、旬ごとの果物を挙げるなら、5月はライチ、6月ぐらいからマンゴー、ドラゴンフルーツ、冬はレンブ、インドナツメ、バンレイシ。パッションフルーツやグアバは一年中だいたい食べられて、比較的価格も安いね。

日 聞くだけで食べたくなっちゃう。台湾は本当に果物天国だね！　種類が豊富だし、品種もすごく多い。

台 今は特に品種改良が進んでるからね。昔のパイナップルは食べると喉がイガイガしたのに、品種改良のおかげで今はそういうのは少なくなったんだよ。

日 アップルバナナとか、丸い形したリンゴマンゴー（注：「愛文芒果」とは異なる品種）とか、特にバナナとマンゴーはいろんな種類があるみたい。これだけ豊富に果物があるから、生絞りのドリンクショップがそこら中にあるんだね。しかも、コンビニでペットボトルを買うのと値段がそんなに変わらないんだよね。少し高いぐらいなら、ドリンクショップでフレッシュジュースを買っちゃうよ。

台 そうだね。果物が豊富な分、外国への輸出も多いけど、台湾で消費するのは、生食以外にもジュースにしたり、ドライフルーツにしたり、冷凍したり、食べ方のバリエーションは多いと思う。

日 だからお料理にも果物を入れるようになったの？

台 いや、それはたまたま料理に合っただけでしょ！

11 時節の行事にはどんなことするの？
過年過節要做什麼？

　　台灣的節日分為新曆和農曆，農曆節日是依照傳統「農民曆」而定，也就是所謂的舊曆，多為大中華圈共通的節日。每年對照新曆的日期不定，年底會由政府公佈隔年的假日。

　　傳統的四大節日是「春節」、「清明節」、「端午節」和「中秋節」。除夕和初一會回老家團圓，有結婚的人會在初二回太太的娘家；初五是開工日，許多店家會在這天開始營業，為了迎接「新年新氣象」，開工日會放鞭炮，各地的街道都會響起震耳欲聾的鞭砲聲。十五是元宵節，也是春節的最後一天，這天會吃湯圓，台灣每年會由一個縣市輪流主辦「元宵燈會」，各種大型花燈看不完。

　　清明節是在新曆4月4～6日左右，是為祖先掃墓的日子；兒童節不分男女，每年固定在4月4日，會和清明節合在一起放連假。端午節是農曆5月5日，約在新曆5月下旬或6月，這天會吃粽子，因為台灣各地的口味不同，每年會引爆粽子口味喜好大戰。另外，台灣的氣候多變，春季忽冷忽熱，通常都說過了端午節才能把冬衣收起來。中秋節在農曆8月15日，新曆通常在九月左右，這天依照習俗要吃月餅、賞月，公司會互相送禮。不過近年，中秋節流行「烤肉」，親朋好友會相約烤肉，燒肉店的生意也會特別好。

　　新曆節日中，10月10日是國慶日，又稱為雙十節。母親節和全世界一樣是5月第二個週日；父親節是台灣獨創的8月8日，因為中文的「爸爸」音似「八八」。聖誕節是屬於西洋的節日，但是12月25日在1947年正式設為台灣的「行憲紀念日」，據說是當時身為基督徒的總統蔣中正刻意的安排。

節日	祝祭日
農曆	旧暦
團圓	家族が集まる
娘家	既婚女性の実家
鞭炮	爆竹

台湾の祭日は、新暦と旧暦に分けられます。旧暦の祭日は伝統的な「農民暦」に基づいて定めます。つまりいわゆる旧暦で、中華圏に共通する祭日です。新暦の日付に照らし合わせると毎年不規則で、年末に政府が翌年の休日を発表します。

　伝統的な四大祝日といえば、「旧正月」、「清明節」、「端午節」、「中秋節」です。(旧暦の)大晦日と元旦は実家に集まり、既婚者は2日目に妻の実家に行きます。5日目は仕事始めで、多くの店がこの日に営業を開始します。「新年の新たな活力」を迎えるため、仕事始めには爆竹を鳴らします。各地の通りで耳をつんざくような爆竹の音が響きわたります。15日は元宵節（げんしょうせつ）で、旧正月の最終日でもあります。この日は湯圓（タンユェン）を食べます。毎年台湾では一つの県や市が「ランタンフェスティバル」を持ち回りで開催し、大きくさまざまなランタンが尽きることなく見られます。

　清明節は、新暦では4月4〜6日前後で、先祖のお墓参りをする日です。こどもの日は男女の区別はなく、毎年4月4日と定められていて、清明節とセットで連休になります。端午節は旧暦5月5日、新暦で5月下旬から6月くらいで、この日はちまきを食べます。台湾各地の味は異なるため、毎年ちまき合戦が始まります。また、台湾の春は急に暑くなったり冷え込んだりしますが、通常、端午節を過ぎれば、冬服を片付けていいとされています。中秋節は旧暦8月15日で、新暦だと大抵9月に当たります。この日は、習慣に倣い月餅を食べ月見を楽しみ、企業はお互いに贈り物をします。しかし近年、中秋節は親戚や仲の良い友人と約束して、「バーベキューをする」のがはやっています。焼肉屋の商売は特に繁盛します。

　新暦の10月10日は国慶節で、双十節（そうじゅうせつ）ともいわれます。母の日は、世界共通の5月第2日曜日で、父の日は台湾特有で8月8日です。これは中国語の「パパ」の発音が「八八」と似ているからです。クリスマスは西洋の祭日ですが、12月25日は1947年に「憲法記念日」として正式に定められました。当時の総統だった蒋介石がクリスチャンだったため、意図的に定められたといわれています。

春節是最重要的節日嗎?

日 春節是一年中最重要的節日嗎?大家會回家過年嗎?

台 對啊,到處都會塞車,而且除夕晚上要趕回家吃「年夜飯」,除了便利商店以外的店家幾乎都會提早結束營業。外國觀光客如果不知道除夕的日期,很可能會餓肚子。

日 這個訊息很重要,旅遊時沒有東西吃就不妙了!春節期間呢?大概會持續多久?

台 連假通常長達一週以上,學校的寒假也會配合放假,所以很多人會先回老家見家人,後半段的時間再出國旅遊。不過你放心,餐飲店通常在初五之前就恢復營業了。

日 原來如此,這點跟日本的正月很像,話說台灣人不過新曆年嗎?

台 會啊,可是只放 1 月 1 日一天而已。通常新曆年在台灣被稱為「跨年」,農曆春節是「過年」,跨年要跟朋友一起玩,過年是留給家人的時間。

日 聽起來不錯!不用在朋友和家人之間作選擇。那麼跨年會做什麼?

台 倒數!12 月 31 日在台灣各地都有跨年倒數活動,尤其是演唱會和煙火秀,近年最有名的就是「台北 101 煙火」!

日 台北 101 是那棟有名的高樓嗎?

台 對,總共有 101 層樓。101 煙火的火種是安放在 101 建築物的外牆上,施放時看起來就像 101 在爆炸,非常有魄力。因為噴發位置很高,台北市許多地點走上街就能用肉眼觀看,每年電視也都會現場轉播。

一番大切なのは旧正月？

日 旧正月は一年で一番大事な祭日でしょう？　みんな実家に帰って年越しするの？

台 うん。どこも渋滞になるよ。それに大晦日の晩は、「年夜飯」を食べに急いで家に帰るの。コンビニ以外の店はほとんど早めに店を閉めるから、もし外国人旅行者が大晦日を知らなかったら、お腹すかしちゃうかも。

日 その情報は重要だね。旅行中、食べる物がなかったら大変だからね！　旧正月の期間は？　だいたいどれくらい続くの？

台 だいたい1週間以上だよ。学校の場合は冬休みとも合わせるから、多くの人は早めに帰省して家族に会って、後半は海外旅行に行ったりする。でも、レストランは通常5日より前には通常営業に戻るから安心してね。

日 なるほど。日本のお正月とも似てるね。そういえば、新暦の年越しはしないの？

台 するよ。でも休日は1月1日の1日だけ。普通新暦では「跨年」、旧暦のお正月は「過年」と呼ぶの。跨年は友達と遊んで、過年は家族と過ごす時間にとっておくんだ。

日 いいね！　友達と家族を選ばなくていいんだね。じゃあ跨年は何するの？

台 カウントダウン！　12月31日は、台湾各地でカウントダウンのイベントがあるんだ。特にコンサートや花火大会が多いの。近年、一番有名なのは「台北101の花火」だね！

日 台北101って、あの有名な高層ビル？

台 そう。全部で101階あるの。101の花火は、101の建物の外壁に火薬が設置されていて、まるで101が爆発しているように見えるの。ものすごく迫力があるよ。花火の着火地点がとても高いところにあるから、台北のたくさんのスポットから肉眼で見られるし、毎年テレビでも生中継されるんだよ。

小吃

狭義には手頃な軽食、広義には地元の特色料理のこと。昔、台湾の農業社会では、寺廟の入り口に集まって交流を深める「廟口文化」、それから気温が下がってから外に出る「夜市文化」があった。各地の屋台では、例えば新竹ビーフン、台南担仔麺など、その土地の食材を使ったさまざまなご当地グルメが考案された。そのため台湾の「小吃」は、屋台の食べ物が多数を占めている。

五辛

「五辛」とは、ネギ、ニンニク、ニラ、ラッキョウ、タマネギのこと。一般的に「葷食」は肉や魚を使った料理、「素食」はあらゆる動物系食材を使わない料理を指す。しかし仏教と道教において、「五辛」は匂いの刺激がきつすぎるため、植物であっても「葷食」に属すると考えられている。そのため信仰に基づいた「全素」の人は「五辛」を食べない。「植物五辛素」の人は、植物でさえあれば「五辛」も含めて問題ない。

大中華圏

政治や経済、文化の分野で用いられる総括的概念で、狭義には中国大陸、香港、マカオ、台湾を指し、広義にはシンガポール、マレーシア、その他の東南アジア、およびアメリカ、カナダなどの華人コミュニティーも含まれる（日本語のいわゆる「中華圏」に相当）。一方、「華語圏」はさらに広義的に用いられる言葉で、一般的に中国語を使用するあらゆるエリアとコミュニティーを指し、学界や芸能界でよく使われる。

地理歴史

第2章

地理歴史

⑫ どこでも一年中暖かいイメージだけど？
一年四季都很熱嗎？

　　台灣島的形狀有如番薯，大小恰好等同日本的九州，山地和丘陵佔總面積的三分之二。五大山脈是海岸山脈、雪山山脈、中央山脈、玉山山脈和阿里山山脈，其中縱貫南北的中央山脈被稱為「台灣的屋脊」。海拔超過 3,000 公尺的高山也很多，標高達 3,952 公尺的玉山是台灣的最高峰，甚至比富士山還高。除了台灣本島以外，近郊的海域還有馬祖、金門、澎湖、小琉球、蘭嶼、綠島和龜山島……等七個主要的離島。

　　氣候方面，以北回歸線為分界線，北邊是亞熱帶氣候，南邊是熱帶氣候。無論南北，終年濕度偏高，炎熱的期間長，夏天至秋天是颱風季。另外，包含台北在內的北部地區，冬季常有強烈冷氣團來襲，即使在沖繩的南方，四季有比想像中更多不同的樣貌。

　　年平均氣溫是 22℃，平均最低氣溫是 12 ～ 17℃。通常平地在冬天不會下雪，只有在高山上能見到一點點雪。

　　3 ～ 5 月，當春天轉夏天之際，受到梅雨鋒面的影響，細雨會長時間不間斷。特別是快到夏天之前，溫差變化大，天氣不穩定的日子較多。

　　6 ～ 8 月，夏季氣溫常在 30℃以上，偶有雷陣雨，也是颱風常來的時期。

　　9 ～ 11 月，雖然已入秋，殘暑仍未盡，到十月左右仍然有需要開冷氣的日子。

　　12 ～ 2 月，冬天的平均氣溫約 15℃上下，乍聽之下可能會覺得很溫暖，可是實際上由於濕度偏高，體感溫度要下修 5℃。尤其是北部地區的冬季多雨，寒流來襲時，需要穿上厚重大衣的日子並不少；南部比較少雨，在冬季也可能出現 30℃前後的高溫。

番薯	サツマイモ
離島	（台湾本島周囲の）島
冷氣團	寒気団
來襲	来襲する
細雨	小雨、霧雨

サツマイモのような形をした台湾は、ちょうど日本の九州ほどの大きさ（台湾本島は3万5,759平方キロメートル、九州本島は3万6,753平方キロメートル）で、山地、丘陵地が面積の3分の2を占めています。海岸山脈、雪山山脈、中央山脈、玉山山脈、阿里山山脈の五大山脈があり、うち南北を貫くように走る中央山脈は台湾の背骨と呼ばれています。標高3,000メートルを超える高い山も多く、標高3,952メートルを誇る台湾最高峰の玉山は、富士山より高いです。台湾本島のほか、近郊海域に馬祖（ばそ）、金門、澎湖（ポンフー）、小琉球、蘭嶼（らんしょ）、緑島（りょくとう）、亀山島（きさんとう）という七つの主な離島があります。

　気候は、北回帰線を境に、北は亜熱帯気候、南は熱帯気候に分かれます。いずれも、年間を通じて湿度は高めで暑い時期が長く続き、夏から秋にかけては台風シーズンとなります。一方、台北をはじめとする北部地域の冬はよく強い寒波に襲われるなど、たとえ沖縄の南にあっても、予想以上に四季ごとにさまざまな表情を見せてくれます。

　1年の平均気温は約22度、平均最低気温は12～17度です。平地では通常冬でも雪が降ることはなく、高地でわずかに見られるぐらいです。

　3～5月、春から夏への変わり目は、梅雨前線の影響を受けて、霧雨が長々と降り続きます。特に夏になる直前は、気温の差があったり、天気が安定しない日が多いです。

　6～8月、真夏には日中30度以上になる日も多く、スコールもあり、台風が多くなる時期でもあります。

　9～11月、秋とはいえ残暑も厳しく、10月くらいまではクーラーが必要なほど暑い日もあります。

　12～2月、冬の平均気温が約15℃というと、温暖に聞こえるかもしれません。しかし実際には湿度が高いため、体感温度は5度下がるといわれています。特に北部地域の冬は雨も多く、寒波に襲われるとコートが必要な日も少なくありません。南部は雨が少なく、冬でも30度前後まで気温が上がることがあります。

請推薦各地的名產。

日　我想知道各地的名產！先從北部開始。

台　九份有芋圓，淡水有鐵蛋，木柵是鐵觀音的茶葉，大溪有豆干；新竹有米粉、花生醬、柿餅等許多名產喔！然後苗栗產草莓、水梨。

日　新竹米粉的確很有名！那中部呢？

台　台中有太陽餅、巨峰葡萄，而且現在成為台灣伴手禮代名詞的鳳梨酥，其實就是來自於台中喔！彰化有肉圓、鹿港牛舌餅、鳳眼糕。日本人很愛的凍頂烏龍茶和日月潭紅茶是南投的名產，另外還有苦茶油、竹藝品、木耳以及紹興酒。

日　五花八門耶！那南部呢？

台　雲林的古坑咖啡、花生、蠶豆、杏仁粉、醬油、西瓜、豆腐乳；嘉義有方塊酥、葡萄柚、愛玉、酸梅；台南有生牛肉湯、鹹粥、芒果、鳳梨、菱角、龍眼等等；高雄是羊肉、豆瓣醬、蜂蜜、海產；屏東則是蓮霧、荔枝、紅豆、酸菜、椰子、洋蔥。

日　最後的東部呢？

台　宜蘭產三星蔥，花蓮有麻糬、蕃薯、羊羹、天鶴茶、文旦柚茶、舞鶴咖啡；台東有稻米、小米、薔薇果、香菇。嗯……其實還有很多啦！大概先說到這邊？

各地の名産物を教えてください。

日 各地の名産物を教えて！　まずは北部から。

台 九份（きゅうふん）はタロイモのお団子、淡水は「鉄卵」、木柵（もくさく）は鉄観音の茶葉、大渓（たいけい）は「豆干」。新竹（しんちく）はビーフン、ピーナッツクリーム、干し柿などたくさんの名産があるんだよ。それから、苗栗（びょうりつ）はイチゴ、ナシ。

日 確かに新竹ビーフンは有名だよね。じゃあ中部は？

台 台中は太陽餅、巨峰、それから、今では台湾土産の代名詞ともいえるパイナップルケーキも実は台中発祥なんだよ。彰化（しょうか）はバーワン（肉の餡をでんぷんの粉で包んで蒸した軽食）、「鹿港牛舌餅（牛タンの形をした焼き菓子）」、「鳳眼糕（鳳の目のように切れ長な形をした落雁のような干菓子）」。日本人に人気がある凍頂烏龍茶、日月潭（にちげつたん）紅茶などは南投（なんとう）が有名。ほかに苦茶油（カメリア油）、竹細工、キクラゲ、紹興酒もある。

日 たくさんあるんだね！　じゃあ南部は？

台 雲林の「古坑咖啡」、ピーナッツ、そら豆、杏仁粉、しょうゆ、スイカ、豆腐乳（とうふにゅう）。嘉義（かぎ）は正方形クッキー、グレープフルーツ、愛玉子ゼリー（オーギョーチ）、「梅」。台南は牛肉スープ、塩粥、マンゴー、パイナップル、ヒシの実、龍眼など。高雄は、ヤギ肉、豆板醤、蜂蜜、海産物で、屏東（へいとう）はレンブ、ライチ、アズキ、酸菜（さんさい）、ヤシ、タマネギ。

日 最後に東部は？

台 宜蘭（ぎらん）は、三星ネギ、花蓮（ファーレン）は栗餅、サツマイモ、羊羹、天鶴茶（てんかくちゃ）、文旦柚茶、「舞鶴咖啡」。台東は米、アワ、ローズヒップ、シイタケ。ふー、まだたくさんあるけど、とりあえずこんな感じ？

暖房がないけど、寒い日はどうするの？
沒有裝暖氣，冬天該怎麼辦？

　　台灣的確大部分的公司和住宅都沒有裝暖氣，不只如此，為了要讓空氣循環，空調會一直開送風模式，導致室內感覺比外面還要冷。

　　其實在台灣會冷到需要開暖氣的季節非常短，空調基本上只有冷氣的功能。單單為了一年中的數日或數週去買暖氣設備的人，可以說相當少。只不過曾在一、二月到過台灣旅遊的人應該都知道，南部可能還好，例如台北等北部地區的冬天，有時候會冷到沒有暖氣簡直不可思議。說到冬天的平均氣溫，北部是 16 ～ 18 度、南部是 19 ～ 21 度，光看氣溫可能會覺得不開暖氣也沒差，可是在溼度始終維持在 60 ～ 90% 的台灣，體感溫度比日本低 5 度以下。而且台灣的住宅，地板多選用涼感高的大理石或磁磚，換句話說就是不易取暖。因此待在室內容易感到寒冷，鑽進棉被中還會感覺腳底板冰冷。

　　那麼台灣人是如何渡過冬天呢？老實說，非常簡單，就是「衣服穿多一點」。在室內也穿著羽絨外套和大衣是常有的事。另外，台灣人會吃「薑母鴨」、「麻油雞」或「羊肉爐」……等，讓身體暖起來的食物。

　　另外一提，台灣沒有制式的季節穿搭，不像日本有「這個季節穿這種服裝不適合」的問題。服裝的厚度以個人體感為準，有些想享受冬季時尚的人，甚至會把去日本都凍不著的服裝穿上身，可謂人人千差萬別。穿厚靴的人旁邊站著穿拖鞋的人，這種景象在台灣見怪不怪。

暖氣	暖房
冷氣	冷房
取暖	暖を取る
羽絨外套	ダウンジャケット
見怪不怪	おかしいことを見ても驚かない、動じないほどよくあること

台湾では確かに暖房器具を備えた職場や住居はあまりありません。それどころか、空気を循環させるためエアコンを送風モードにしているせいで、室内の方が外より寒く感じられるぐらいです。

　そもそも台湾は、暖房が必要なほど寒い時期はごく短いので、エアコンにも基本クーラーの機能しか付いていません。1年のたった数日、数週間のために暖房機器を買う人はごく一部だといっていいでしょう。それでも、1、2月に台湾へ旅行したことがある方はご存じのとおり、南部はともかく、台北など北部の冬は、暖房がないのが不思議になるほど寒い日もあります。ちなみに冬の平均気温は、北部16〜18度、南部19〜21度程度。気温だけを見ると暖房などなくても大丈夫そうですが、常に60〜90%の湿度がある台湾では、体感温度が5度ほど低く感じられます。また台湾の住居は、床が大理石やタイルで涼を取るのに適している反面、暖を取るのには向いていません。そのため室内にいても肌寒かったり、布団に入ると足元から冷えを感じることもあります。

　では台湾人はどのように冬を乗り切るのでしょう？　ずばり、シンプルに、「たくさん着込む」です。室内でもダウンジャケットやコートを着ているのはよくあることです。ほかには「姜母鴨（アヒル肉とショウガの鍋）」や「麻油雞（鶏肉の米焼酎煮）」「羊肉爐（ヤギ肉の鍋）」といった、体が温まるものを食べたりもしますね。

　ちなみに、日本のように「この季節にこの服装はそぐわない」といった服装の季節コードはありません。各々の体感温度に忠実に従ったり、あるいは冬の服装を楽しみたいオシャレさんは、日本の寒さにも対応できる装いをするなど、まさに千差万別といえます。むくむくのブーツを履いた人の横に、ビーチサンダルを履いた人が立っているという光景も、台湾ではざらです。

如何渡過炎熱的日子？

🇯🇵 台灣的夏天那麼長，有沒有什麼消暑的方法？

🇹🇼 不少人會撐陽傘，連男生也不例外，還有盡量走在曬不到太陽的地方吧！台灣很多建築物都有附屋頂的外走廊，也就是所謂的「騎樓」。就算在戶外，只要走在騎樓就不怕強烈的日曬。

🇯🇵 感覺下雨和颱風的時候也很方便耶！還有呢？

🇹🇼 還有，到處都有外帶的飲料店，隨時補充水分很重要。台灣的飲料杯比日本大很多，就是因為喝的量也比較大。

🇯🇵 外面那麼熱的話，躲在家裡吹冷氣不是最好的方法嗎？

🇹🇼 可是夏天的電費很貴，而且不環保，其實在自己家盡情開冷氣的人沒有那麼多耶！

🇯🇵 那不會很熱嗎？

🇹🇼 根據中醫的說法，多吃降火氣的涼性食物，比如小黃瓜、西瓜……等，或是洗冷水澡可以消暑。不過最方便的是，躲到冷氣很強的百貨公司或便利商店吧！

🇯🇵 啊！說不定這就是台灣便利商店很多的原因？

暑いときはどうするの？

日 台湾の夏は長いけど、暑さをしのぐいい方法はある？

台 日傘を差す人も多いよ、男性も含めてね。それからなるべく日陰に行ったりすることかな。台湾には、「騎楼」と呼ばれるアーケードみたいな造りの建築物が多いから、たとえ屋外でも、騎楼を歩けば強い日差しをよけられるの。

日 雨や台風のときも便利だね！　ほかにもある？

台 あるよ。至る所にテイクアウト用のドリンクショップがあって、いつでも水分補給できるのも重要。台湾のドリンクカップは日本よりずっと大きいんだよ。飲む量も多いからね。

日 外がこんなに暑かったら、家の中に閉じこもってクーラーにあたるのが一番の方法かな？

台 でも夏は電気代が割高になるしエコじゃないから、自宅でクーラー全開にしている人は実はそんなにいないよ。

日 じゃあ暑くて大変じゃない？

台 東洋医学の考え方なんだけど、熱を取る「冷」に属する食べ物、例えばキュウリ、スイカなどを食べたり、水のシャワーを浴びたりして涼を取るの。でも一番手っ取り早いのは、クーラーが効いてるデパートやコンビニで涼むこと。

日 あ、もしかして台湾にコンビニが多い理由はそれかな？

14 台風や地震は多いの？

颱風和地震很多嗎？

　　對從南太平洋和南海上生成的低氣壓 —— 颱風而言，位置比日本偏南的台灣也是必經之路，所以當然會很多。颱風季是從 6 月到 10 月，尤其是 7 月到 9 月。當颱風直擊而來，斷水斷電的狀況並不稀奇，所以只要有大型颱風接近，就會有大批人潮湧進超市搶購水和食物。

　　颱風很多的台灣有一種獨特的對策，那就是「停班停課」。根據氣象專家的判斷，前一天的晚上十點之前，行政院（等於日本的內閣府）人事行政總處的網頁會公告各地區的停班停課一覽表。發佈「停班停課」的警報之後，從學校、公司到營業單位及商家都會暫停營業，只要公司、住家或通勤路線必經的地區有公佈停班停課，就可以不用去上班；如果公司強制要求出勤，法律規定公司有義務最多付 4 倍的薪水給該員工。不過實際上，飯店業或便利商店、大眾交通運輸等業種大多會照常運作，台灣還在摸索盡量避免造成社會混亂，又可以確保員工安全的方法。

　　關於地震方面，以全世界而言，台灣算是地震很多的地帶之一。台灣在菲律賓板塊和歐亞板塊碰撞的邊界上，板塊推擠或斷層滑動都會造成地震。地震大多發生在東部海域，一般而言花蓮是地震最頻繁的地區，在 2018 年 2 月造成 17 人死亡的花蓮地震記憶猶新，但是意外地，創下更嚴重傷亡的是其他地區。近年最嚴重的大地震是 1999 年 9 月 21 日發生的 921 大地震。劇烈的搖晃重創震央南投及鄰近的台中等地區，剝奪了 2415 條珍貴的生命。當時留下的創傷，至今依然深埋在台灣人的心中。

颱風	台風
斷電	停電
搶購	先を争って買う
暫停營業	臨時休業
避免	避ける、免れる

南太平洋や南シナ海で生まれる低気圧・台風にとって、日本より南に位置する台湾はいわば通り道でもあるので、当然多いといえます。台風シーズンは6月から10月で、特に多いのは7月から9月。台風が直撃すると断水や停電になることも少なくないため、大きな台風が近づくと、大勢の人がスーパーに駆け込んで、先を競って水や食料を買います。

　台風が多い台湾には、「停班停課」という独特な対応策があります。気象専門家の判断によって、前日の夜10時までに行政院（内閣府に相当）人事行政総処のホームページで各地域の「停班停課」の一覧が発表されます。「停班停課」警報が発令されると、学校、企業をはじめ、商業施設、店舗などは一時休業します。職場か自宅、および通学通勤ルートのいずれかの地域で停班停課が発令されれば出勤する必要はなく、会社側がもし無理に出勤させた場合は、最大で4倍の給料をその社員に支払う義務が生じると法律で定められています。しかし実際には、ホテルやコンビニ、公共交通機関などは通常どおり営業することも多いため、社会の混乱をできるだけ避けながら社員の安全を確保する方法が模索されています。

　地震についても、台湾は世界的に見て地震が多い地域の一つといえるでしょう。台湾はフィリピン海プレートとユーラシアプレートが衝突する収束型境界に位置するため、プレートの衝突、あるいは断層のずれによって地震が生じます。地震の大部分は東方沖で発生しており、花蓮（ファーレン）は特に地震が多い場所として知られています。死者17人を出した2018年2月花蓮地震も記憶に新しいですが、それ以上の甚大な被害を記録したのは意外にもほかの地域です。近年一番大きな地震は、1999年9月21日に発生した921大地震。震源地の南投（なんとう）と、隣接する台中を中心に大きな揺れが甚大な被害をもたらし、2,415人の尊い命が失われました。その傷跡は今も台湾人の心に深く残っています。

颱風和地震的具體對策是？

日 既然台灣常有颱風，有什麼對策嗎？

台 大家都很習慣了，所以平常就會注意颱風情報。颱風要來的時候，會在窗戶貼封箱膠帶增加強度，門口堆沙包，事前的防颱準備已經相當熟練了。如果發佈停班停課，大多數的店都會暫停營業，所以先買好泡麵等食物也是很重要的事。

日 有照常營業的店嗎？

台 當然有。停班停課是為了確保民眾的安全而在事前公告，但是實際上颱風的路徑會變，有時候沒有預想的那麼嚴重，但是公司和學校都宣布放假了，很多人就會去百貨公司、卡拉 OK 或電影院玩耍。放颱風假的時候，百貨公司和電影院反而會出現人潮，這算台灣特有的現象吧！

日 停班停課不適用於在交通運輸業或服務業的員工嗎？

台 原則上是適用的喔！但是在那些業界很多人要照常上班也是事實。現在大家會呼籲要重視那些業界的從業人員安全，但是萬一太多員工行使休假的權利，又容易造成交通混亂，這部分還需要好好去調度。

日 在硬體方面呢？

台 騎樓可以擋風避雨遮日曬，我覺得相當便利。那是傳統的閩南式建築，所以很多老房子都有。

日 我也很喜歡騎樓！有騎樓的地方，下雨天不用撐傘也可以走動。

台 只不過騎樓有耐震度低的問題存在。台灣有非常多築齡超過 40 年的建物，最近因為地震傾斜或倒塌的建物，全都是那些老房子。新建物的耐震基準已經變嚴格了，但是如何確保安全性，同時妥善保存傳統的建築物，是今後的課題之一。

台風や地震の具体的な対策は？

日 台風がよく来る台湾では、どんな対策をしているの？

台 みんな慣れてるから、台風情報はいつも気を付けてるよ。来るとなったら窓にガムテープを貼って補強したり、土嚢を置いたり、直前の準備はお手の物。「停班停課」が発令されるとだいたいのお店が閉まっちゃうから、まずカップラーメンとか食べ物を調達しておくのも大事だよ。

日 通常どおり営業してるお店もあるの？

台 もちろん。「停班停課」は安全確保のために事前に発令されるから、実際には進路がそれたり、それほど被害を受けない場合もあるんだよね。でも会社や学校が休暇なのは変わらないから、みんな百貨店やカラオケボックス、映画館に遊びに繰り出す。台風休暇に、百貨店や映画館がにぎわうのはちょっとした台湾の風物詩だと思う。

日 「停班停課」は交通機関やサービス業の社員には適用されないの？

台 原則では適用されるよ。でもこれまでは業界によって出勤してる人が多かったのも事実。そうした業界の社員の安全性の確保が叫ばれる一方で、万が一その権利を多くの社員が行使したら交通機関に混乱が生じやすいから、これから調整が必要だと思う。

日 ハード面は何かある？

台 騎楼は、雨風や強い日差しを避けることができてとても便利だと思う。伝統的な閩南（びんなん）式の建築様式だから、古い建物が残っているところに多いの。

日 私もあれは大好き。騎楼がある所なら、雨の日でも傘いらずで移動できるよね。

台 ただし、地震に弱い構造という問題点もあるんだよね。台湾には築40年以上の物件もざらにあるんだけど、最近の地震で傾いたり倒壊した建物は、すべてそういう古い建物なの。新しい建物は耐震の基準が厳しくなったんだけど、安全性を確保しながら、伝統的な建物をどう残していくかも、これからの課題の一つだと思う。

15 島を一周するには、どのくらい時間が必要？
環島需要多少時間？

　「環島」是繞行台灣本島一圈的意思。環島是外國背包客的熱門行程，也是許多台灣人一生想實現一次的事情。2007 年有部聾啞青年騎單車環島的電影《練習曲》在台灣造成話題，片中有句家喻戶曉的台詞：「有些事現在不做，一輩子就不會做了」，這句話推動許多人踏上環島之路。實際上，環島的方式可分成：步行、單車、機車、汽車、火車，其中以單車環島最熱門，也有些人會依照行程，搭配不同的交通工具。

　單車環島路線大致分為「大環島」和「小環島」，大環島是海線，總里程約 1,200 公里，大約 12 天可騎完一圈；小環島是山線，里程約 900 公里，一般需要 9 天。另外，機車是台灣最常見的代步工具，體力消耗少於單車，自由度又高於火車，也是很受歡迎的環島方式。機車的租車費用一天約 500 元，約 5 到 7 天就能完成環島行程。

　火車環島路線分成「台鐵」和「高鐵」兩種，台鐵路線多，有提供 3 到 5 日的環島特惠套票，輕鬆坐電車看山林海景；高鐵只有行駛於西海岸，全長和九州新幹線差不多，會停靠西部的主要都市，而且從台北到最南端的高雄左營站，最快只要一個半小時，相當省時有效率。

背包客	バックパッカー
家喻戶曉	誰もが知る
單車	自転車
機車	バイク
汽車	自動車

「環島」とは、台湾本島を一周するという意味です。台湾一周は外国人バックパッカーに人気のある旅程で、多くの台湾人にとっても一生に一度は実践したいことかもしれません。2007 年、聴覚障害の青年が自転車に乗って台湾を一周する映画『練習曲』が台湾で話題になりました。劇中の「今やらないことは、一生やらない」という、知らない人がいないほど有名なセリフは、多くの人を台湾一周の道へ踏み出すきっかけを与えました。具体的に台湾一周の手段は、徒歩、自転車、バイク、車、電車に分けられます。このうち自転車は最も人気があり、スケジュールによって、ほかの交通手段と組み合わせる人もいます。

　自転車ルートは、「大回り」と「小回り」に大別されます。大回りは約 1,200 キロメートルの海岸ラインで、自転車なら約 12 日で一周できます。小回りは約 900 キロメートルの山間ラインで、通常は約 9 日ほどかかります。また、バイクも、台湾では最も一般的な移動手段で、自転車より体力の消耗が少なく、電車より自由度が高いため、人気がある台湾一周の手段です。バイクのレンタル料は 1 日約 500 元ほどで、約 5 ～ 7 日で台湾一周ができます。

　電車での台湾一周ルートは、「台湾鉄道」（在来線）と「台湾高速鉄道」の二つに分けられます。台湾鉄道の路線は多く、3 ～ 5 日間台湾一周の特割乗車券があり、山や海を見ながら楽に回れます。台湾高速鉄道は、西海岸側だけ運行し、全長は九州新幹線とほぼ同じで、西側の主要都市に停車します。台北から最南端の高雄左営駅までは、最速で 1 時間半しかからず、時間をかなり節約できて効率的です。

機車好多喔！

日 台灣街上的機車好多。

台 對啊，比汽車還多。去年統計全台機車登記數超過一千萬台，全台人口中約六成擁有機車，是全世界機車密度最高的地方。

日 我常看到雙載的狀況，那是合法的吧？

台 載人是合法的。法律規定只能多載一個人，兩人一定都要戴安全帽。很多人會在置物箱多放一頂安全帽，載人的時候可以借一下；有些人自己沒買機車，可是常常坐別人的車，基於方便或潔癖，會自備安全帽。你有空可以去安全帽專賣店逛逛，花色和款式很多喔！

日 那是傳說中的機車時尚嗎？

台 機車在台灣是一種文化嘛！除了安全帽以外，口罩、防風外套、手機座等也是可以發揮個性的地方。而且台灣是沒有花粉症的地方，非醫療用的口罩絕大多數都是機車族在使用。

日 難怪我在台灣偶爾會看到上半身穿羽絨衣，下半身穿短褲的人，上下的溫差未免太大了！

台 騎機車最怕風大雨大，下半身還可以擋一下，上半身完全暴露在外面，冬天迎面而來的風很刺骨……不過比起其他交通工具，在地狹人稠的台灣，有專用車道和停車位的機車，對多數人而言還是比較方便的。而且跟日本人比起來，台灣人比較不愛走路，短距離的移動騎機車剛剛好。

バイクが多いですね！

日 台湾の路上にはバイクが多いよね。

台 うん。車よりずっと多いよ。去年の統計によると、バイクの登録車数が1,000万台を超えて、人口の約6割がバイクを所有しているの。世界で最もバイク密度が高い所なんだよ。

日 二人乗りもよく見るんだけど、合法なんだよね？

台 二人乗りは合法だよ。法律上、乗せていいのは一人だけで、二人とも必ずヘルメットをかぶること。だいたいの人は荷物入れに一つ余分にヘルメットを入れてるから、人を乗せるときは貸せるの。自分のバイクは持ってないけど、よく人に乗せてもらう人は、便利だし衛生的だからヘルメットだけ持ってる人もいるよ。もし時間があったら、模様も形もいろいろあるから、ヘルメット屋さんをのぞいてみるといいよ。

日 それは伝説のバイクファッション？

台 バイクは台湾の文化の一つでしょ！　ヘルメットのほかにも、マスク、防風コート、携帯ホルダーも個性を表現できるところだし、台湾は花粉症がない所だから、医療用じゃないマスクは圧倒的にバイカーが使ってるよ。

日 だから台湾では、たまに上はダウンジャケットを着て、下は短パンを履いている人を見かけるんだね。上下で温度差ありすぎでしょ！

台 バイクで一番困るのは風雨が強いこと。下半身はまださえぎられてるけど、上半身は完全にさらされてるから、冬は向かい風が骨身にしみるんだよ……。でもほかの交通手段に比べると、土地が狭く人が多い台湾で、専用道路や駐輪場もあるし、かなり便利なんだ。それに日本人と比べると、台湾人は歩くのがあまり好きじゃないから、短距離移動はバイクに乗るのがちょうどいいの。

16 台湾はどこの国の植民地になったの？
台灣被哪些國家殖民過？

　　有人說台灣史就是豐富多元的殖民史。

　　在四百年前，台灣只是孤立在東太平洋上的小島。16 世紀中期，西方的大航海時代開始，葡萄牙率先發現台灣，但是葡萄牙僅把台灣北部當作貿易據點，沒有進一步殖民。第一個佔領台灣的國家是荷蘭，殖民期間是 1624 年到 1662 年，區域是以現在的台南為主的南台灣，用意是建立與中國、日本貿易通商的據點。這是台灣第一個大型政權。

　　西班牙統治時期是 1626 年到 1642 年，短短 16 年的期間，佔領區域為北台灣，以現在的淡水為據點，目的是與對抗荷蘭，爭食東亞的貿易商機，淡水紅毛城就是當時留下的建物。在 1642 年被荷蘭擊退，棄守北台灣。

　　崛起於福建沿海的鄭成功在 1662 年打敗荷蘭，將台灣作為基地，展開所謂的「明鄭時期」，這是台灣史上第一個漢人政權。鄭氏家族統治三代之後，於 1683 年被清朝攻下，隔年台灣納入清帝國的領土，直到 1895 年的甲午戰爭之後被割讓給日本。清朝統治的期間又稱「清領時期」，是至今唯一統治超過台灣百年的政權。

　　1895 年到 1945 年的 50 年間是日本殖民時期，通稱為「日治時期」。統治初期是將台灣作為本國的工業後盾，以及前進南洋發展的基地，鎮壓的手段也比較激烈；中期改為相對柔和的內地延長主義，後期實施皇民化政策。日治時期結束於 1945 年日本戰敗，推翻滿清政權的中華民國政府以戰勝國的身分接收戰前割讓之領土。台灣在四百年之內多次經歷不同民族的統治，政權轉移之際每每爆發激烈的抗爭，直到今日才發展成安定的民主社會。

佔領	占領する
荷蘭	オランダ
西班牙	スペイン
鄭成功	浄瑠璃「国性爺合戦」のモデルであることから、日本では国姓爺の名でも知られる
日治時期	日本統治時代。「日據時期」ともいわれ、どちらも公的に使用されている

台湾史とは、多様な植民地の歴史ともいわれます。

　400 年前、台湾は東太平洋に孤立した小さな島にすぎませんでした。16 世紀半ば、西洋の大航海時代が始まり、ポルトガルがいち早く台湾を発見しましたが、ポルトガルは台湾北部を貿易基地と見なすにとどまり、それ以上は入植しませんでした。台湾を占領した最初の国はオランダです。植民時代は 1624 年から 1662 年までで、その地域は現在の台南を中心とした台湾南部でした。意図は、中国や日本との貿易拠点を確立することです。これは、台湾で最初の大規模な政府といえるでしょう。

　スペインの統治期間は 1626 年から 1642 年です。16 年という短期間、占領した地域は、現在の淡水を拠点とする台湾北部でした。その目的は、オランダに対抗し、東アジアでのビジネスチャンスを競うことです。淡水の紅毛城（こうもうじょう）は、当時から残っている建物です。1642 年にオランダに敗れ、台湾北部を放棄しました。

　福建沿岸から台頭した鄭成功（ていせいこう）は、1662 年にオランダを駆逐し、台湾を拠点とした、いわゆる「明鄭統治時代」が始まりました。これが台湾史上初の漢民族による政権です。鄭氏一族が三世代統治した後、1683 年に清朝に制圧されました。翌年から日清戦争後の 1895 年に日本に割譲されるまで、台湾は清朝の領土に編入されました。清朝統治期間は、「清領時代」とも呼ばれ、今まで唯一 100 年以上にわたって台湾を統治した政権です。

　1895 年から 1945 年までの 50 年間は、日本の植民地時代で、通称「日本統治時代」として知られています。統治初期、台湾は国の産業の後ろ盾として、また南洋の発展を進めるための拠点とされていました。鎮圧の手段もかなり激しく、中期から内地の比較的ゆるい拡張主義に路線変更し、後期には皇民化政策（日本が戦時中、占領地で行った日本化政策）が実施されました。日本統治時代は、日本が敗戦した 1945 年に終わり、満州族清政権を倒した中華民国政府が戦勝国として、戦前に割譲された領土を接収しました。台湾は 400 年の間に、さまざまな民族によって何度も支配されました。政権が変わるたび、常に激しい紛争が勃発し、今日、ようやく安定した民主的な社会に発展しました。

台灣人對日治時期的觀感？

日 我很好奇，一樣當過日本的殖民地，為何台灣不像其他國家有強烈的反日情緒，反而有很多喜歡日本的人呢？

台 整體而言的確比較親日，但每一代的觀感都不太一樣，很難一概而論。

日 在殖民時期的台灣人，不會有次等公民的感覺嗎？

台 一定會有吧！不過老一輩受過日本教育的人，在戰後經歷國民黨政府執政的混亂期，比起語言不通的軍事統治，有些人比較懷念安定有秩序的日治後期。而且在歷史上，日本也不是唯一的殖民政權。

日 話說滿多日本人很好奇，為什麼台灣和韓國對日本的觀感差那麼多？

台 有學者提過，韓國是單一民族被日本統治，敵人讓民族更團結，當時抗爭比台灣激烈。台灣本身是多元社會，占人口半數以上的漢人群族和中國大陸血脈相連，被割讓時不像韓國有「屈辱感」，而是宛如孤兒的「拋棄感」比較重。這在戰後外省族群來到台灣之後，又變得更複雜了。

日 好像有道理，那沒有經歷日治時期的台灣人為何也不少人喜歡日本呢？

台 應該是因為在經濟高度成長期，台灣想躋身先進國家，當時最大的貿易夥伴就是美國和日本，品質保證的「Made in Japan」商品和電視節目、流行音樂、服裝時尚等文化大量輸入，日本成為台灣人嚮往和學習的對象，70 年代以後出生的人普遍都對日本有好感。

日本統治時代に対する台湾人のイメージは？

日 同じように日本の植民地にされたのに、なぜ台湾はほかの国のように激しい反日感情がないのか興味あるの。それどころか、むしろ日本好きな人も多いよね。

台 総体的にはかなり親日といえるけど、世代によって印象は違ってて、一概に言うのは難しい。

日 植民地時代の台湾人は、一段下に見られているような感覚はなかった？

台 もちろんあったよ。でも日本の教育を受けた一世代上は、戦後に国民党政府が政権をとった混乱期を経験してるから、言葉が通用しない軍事統治と比べて、秩序が安定していた日本統治時代後期を懐しく思う人もいる。それに歴史的に日本が唯一の植民政権でもないでしょ。

日 そういえば、日本人の多くは台湾と韓国の対日感情がどうして全然違うのか興味があるんだ。

台 韓国は日本に統治された単一民族だから、敵（日本）がさらに民族を団結させて、当時台湾より激しく抵抗したって、ある学者が言っていたよ。台湾はもともと多元的な社会で、人口の半数以上を占める漢民族は中国の血脈でしょ。割譲されたときは、韓国のような「屈辱感」じゃなくて、まるで孤児みたいな「捨てられた感」が大きかった。戦後いわゆる外省人が台湾に移住してからはもっと複雑だけどね。

日 道理だね。じゃあ日本統治時代を経験していない台湾人は、どうして日本好きな人が多いの？

台 おそらく経済の高度成長期、先進国にレベルアップしたい台湾の当時の最大の貿易相手国は米国と日本で、品質が保証された「メイド・イン・ジャパン」の商品とテレビ番組、流行の音楽やファッションなどの文化が大量に輸入され、日本は台湾人が憧れて手本にする対象になったんだ。70年代以降に生まれた人は、全体的に日本に好感を持ってるよ。

台湾は漢民族ですか？
台灣人是漢族嗎？

　　台灣人的構成不是以民族區分，而是以原生地、方言、戰後的社會位置及自我認同區分為「四大族群」，分別是「閩南人（河洛人）」、「客家人」、「外省人」與「原住民」。前三者都是漢族，佔總人口的95%以上。

　　台灣總人口約2,378萬人，閩南人約70%、客家人約15%、外省人約10%、原住民約2%。閩南人和客家人又稱為「本省人」，泛指17到19世紀從中國沿海來台的漢族移民。本省人之中，來自福建的閩南族群佔大多數，因此閩南方言從日本統治時代開始被稱為「台灣話」；客家族群是來自廣東省沿海，使用的方言是「客家話」，主要住在西部沿海的桃園、新竹、苗栗和高雄美濃。

　　「外省人」是相對於「本省人」的稱呼，1949年前後隨著國民黨來台的就是外省人。外省人的出身和方言涵蓋中國大陸各地，與本省人的異同主要在於「家族來台定居的時間」、「身分認同」及「對日本和中國的觀感」。第一代外省人經歷過二戰，對日本的敵我意識強烈，對中國有責任及歸屬感；本省人對中國人有血緣上的認同，但是經歷50年的日本統治時代，普遍接受過日本的義務教育，兩者的身分認同極端不同，當代族群之間的衝突也多來自於此。

　　「原住民」是來自南太平洋沿岸的南島民族，最早來到台灣定居，其中可細分為不同部族，各有獨特的文化與語言，只是被統稱為「原住民」。近年最受關注的新族群是以來自東南亞的勞工和配偶為主的「新住民」，人數約65萬人，佔總人口的3%，已超越原住民。新住民大多非漢族，母語非中文，宗教多有特定傾向，原生文化與台灣主流文化相異，將產生新的文化衝擊。然而，戰後超過70年，四大族群的界定已經變得越來越曖昧。

族群	同一の特徴を持つグループ、コミュニティー
涵蓋	網羅する、カバーする
觀感	印象
定居	定住する

台湾人の構成は民族で分けられるものではなく、出身地、方言、戦後の社会的立場、それからアインデンティティーによって四つのグループ、「閩南人（びんなんじん）または河洛人（ホーローじん）」、「客家人（はっかじん）」、「外省人（がいしょうじん）」、「原住民」に区別されます。前者の三つは漢民族で、総人口の95％以上を占めます。

　台湾の人口約2,378万人のうち、閩南人は約70％、客家人は約15％、外省人は約10％で、原住民は約2％です。閩南人と客家人は、「本省人」とも呼ばれ、一般的に17世紀から19世紀、中国沿岸から海を渡って台湾に移民してきた漢民族を指します。本省人のうち、福建省から来た閩南人が大多数を占めるため、閩南方言は日本統治時代から「台湾語」と呼ばれるようになりました。客家人は広東省沿岸出身で、使用される方言は「客家語」です。主に、西側沿岸の桃園、新竹、苗栗と高雄の美濃に多く住んでいます。

　「外省人」は「本省人」に対比する呼び名で、1949年前後に国民党と共に台湾にやってきた人々が外省人です。外省人の出身地と方言は中国各地を網羅しており、本省人との主な違いは「一族が台湾に定住した時期」、「アイデンティティー」、「日本と中国に対するイメージ」です。初代の外省人は第二次世界大戦を経験し、日本に対して敵対する意識が強く、中国に対して責任感と帰属意識があります。本省人は、中国人に対して血統が同じことは認めているものの、50年間の日本統治時代を経験し、一般的に日本的な義務教育を受けています。両者のアイデンティティーは極端に異なるため、現在両者間の矛盾と対立の多くは、この点に由来します。

　「原住民」は南太平洋沿岸から来た南の島の民族で、最も早く台湾に定住しました。その中で異なる部族に細分化でき、それぞれ独自の文化と言語がありますが、総称して「原住民」と呼びます。近年、台湾で最も関心を集める新たなエスニックグループ（多民族国家における少数民族集団）は、主に労働者や配偶者として東南アジアからやってきた「新住民」です。人数は65万人、すでに原住民を超え人口の3％を占めています。新住民の多くは非漢民族で、母国語は非中国語、宗教には一定の傾向があります。その自国の文化と台湾の主流な文化が異なるため、新たな文化的衝突が生まれています。しかし、戦後70年以上が過ぎ、四大グループの定義はだんだんと曖昧になっています。

台灣人都會說台語嗎?

🇯🇵 請問一下，台語的「今天好熱」要怎麼說?

🇹🇼 我……我不會。

🇯🇵 你不會?你不是台灣人嗎?

🇹🇼 不好意思，我台語程度很差，大概聽得懂一些，只會講「早安」、「謝謝」、「不好意思」這種平常用到的單字而已。

🇯🇵 我不知道台灣人原來有不會說台語的。

🇹🇼 要看家庭啦!像我媽媽是客家人，我會講一點客家話，雖然不算很溜。台灣大概七八成的人會講台語，不過還是有分程度，南部人比北部人常用，反正官方語言是中文，學校教育也是中文，不同族群能互相溝通就好。

🇯🇵 如果我中文講不好，英文也通嗎?

🇹🇼 台灣人的英文程度要看個人的教育程度，有些人很溜，有些人完全不行，跟韓國、香港或東南亞比起來，英文沒有那麼普及。不過台灣人比較不怕開口，破英文加比手畫腳應該就能溝通了!而且同為漢字文化圈，用紙筆寫漢字比較快!

台湾人はみんな台湾語を喋れますか？

日 ちょっと教えてもらいたいんだけど、台湾語で「今日は暑い」って何て言うの？

台 私は……分からない。

日 分からない？　台湾人じゃないの？

台 ごめん。私の台湾語のレベルが低いの。だいたい聞き取れるんだけど、「おはよう」、「ありがとう」、「すみません」みたいな、普段よく使われる単語しか話せないんだ。

日 台湾語を話せない台湾人がいるなんて知らなかったよ。

台 家庭によるんだよね。私みたいに母が客家人だと、流暢とまではいかないけど少し客家語が話せる。台湾は約7、8割は台湾語が話せるけど、程度にはやっぱり差があるんだ。南部の人は北部の人よりよく使うけど、公用語は中国語だから、学校教育も中国語。違うエスニックグループでもコミュニケーションがとれればOKだから。

日 もし中国語がうまく話せなかったら、英語も通じる？

台 台湾人の英語のレベルは、教育レベルによるね。うまい人もいれば、全然話せない人もいるよ。韓国や香港、東南アジアと比べると、それほど英語が普及しているとはいえないんだ。でも台湾では話すことを怖がらないで、ブロークンイングリッシュにジェスチャーを交えればきっと通じるよ。それに同じ漢字文化圏だから、紙とペンで漢字を書けば早い！

18 戒厳令と戒厳令解除の影響は？
戒嚴與解嚴的影響?

　　談解嚴之前必須先談戒嚴，人類史上時間最長的戒嚴令就發生在台灣，從1949年到1987年，長達38年56天。起因於蔣中正所領導的國民黨政府在與共產黨的內戰中失利，於1948年發布全國戒嚴令，隔年，不在戰地內的台灣全境連帶戒嚴。之後國民政府來台，海峽兩岸進入長期對峙，戒嚴令成為穩固政權的重要法律。

　　戒嚴期間等同戰時的軍事統治，為消除異己，防堵共產黨的威脅，憲法所保障的人民自由和權利，包括集會結社、言論、出版、通信、旅遊……等全面受限，政府有審批查禁的權力。在思想控制之下，媒體和校園內不得使用方言，有關左傾思想、民主運動或頌揚日治時期的書籍不可閱讀，連紅遍亞洲各地的鄧麗君，她的名曲「何日君再來」也曾經被禁唱。

　　戒嚴時期的高壓統治又稱為「白色恐怖」，所謂「寧可錯殺一百，不可放走一個」，各地冤案頻傳，受難者遍及本省人和外省人，專門關政治犯的綠島監獄是代表性的地點。直到80年代中後期，台灣經濟起飛，因應政治情勢與社會氣氛，終於宣布「解嚴」，也就是解除戒嚴令。之後逐步開放發行報章雜誌、成立民營電視台、組織政黨、合法集會遊行等憲法賦與的權利，並且開放民眾回大陸探親、通信。幾乎所有領域的發展都以解嚴為一大分水嶺，提到近代台灣史，不可忽略解嚴帶來的影響，解嚴前後出生的世代也有明顯的思想差異。

　　有人認為戒嚴時期的集權統治有助於推動政策執行，政策帶來顯著的經濟發展，並非絕對之惡。但是戒嚴之下的政治受難者、經濟起飛帶來的嚴重公害問題，仍是難以抹滅的事實，如何彌補當年的錯誤，是台灣面臨的重要課題。

解嚴	戒嚴令解除
威脅	脅す、威嚇する
受限	制限される
鄧麗君	1970年代～1990年代、中華圏や日本をはじめアジアで大人気を博した台湾人歌手、テレサ・テン
分水嶺	分岐点、分かれ目

戒厳令解除の前に戒厳令についてお話ししなければなりません。人類史上最長の戒厳令は台湾で起こりました。1949 年から 1987 年まで、その期間は 38 年と 56 日に及びました。蒋介石率いる国民党政府が、共産党との内戦に敗れたことをきっかけに、1948 年に中国で戒厳令が敷かれ、その翌年、戦地ではなかった台湾全域が戒厳令の巻き添えになりました。国民党政府が台湾に渡った後、中国と台湾は長期的な対立に入り、戒厳令は政権を安定させるための重要な法律となったのです。

　戒厳令下は、戦時中の軍事政権に相当します。反体制派を排除し、共産党の脅威を防ぐため、集会、言論、出版、通信、旅行などを含む、憲法によって保障される人々の自由と権利がすべて制限されました。政府は、承認および禁止の権限を持ち、思想コントロールの下、メディアやキャンパス内で方言を話すことは許されず、左寄りの思想、民主運動や日本統治時代を賛美する書籍は読むことができず、アジア各地でブームを起こしたテレサ・テンですら、名曲の「何日君再来（いつの日君帰る）」も禁止されていたのです。

　戒厳令時の高圧的な統治は、「白色テロ」とも呼ばれます。いわゆる「たった一人を逃さないために、無実の 100 人をも殺す」で、各地で冤罪事件が相次ぎ、被害者は本省人から外省人にまで及びました。政治犯を専門に護送する緑島刑務所は代表的な場所になりました。1980 年代後半になると、台湾経済が成長し始め、政治状況と社会的な風潮に伴い、ようやく戒厳令を解除する「解厳」が宣言されました。その後新聞や雑誌の発行、民営テレビ局の設立、政党の組織、および合法的な集会やデモなど、憲法が与える権利がだんだんと解禁になったのです。また、親戚に会いに行くための中国への渡航、通信も解禁されました。ほぼすべての分野の発展が戒厳令解除によって大きな分岐点を迎え、近代台湾史において戒厳令解除がもたらした影響は、無視できるものではありません。戒厳令解除前と後の生まれでは、世代間にも明らかなイデオロギーの違いがあります。

　戒厳令時の中央集権が、政策を推し進める上で大きな助けとなったという人もいます。重要な経済発展をもたらしたため、決して絶対的な悪ではないのです。しかし、戒厳令の下での政治的犠牲者および経済成長に起因する深刻な公害問題は、今でもなくすことができない事実です。当時の誤ちをどのように償うかが、台湾が直面している大きな課題です。

教科書的內容有什麼變化嗎？

日 台灣既然經歷過戒嚴時期，教科書有什麼改變嗎？

台 有，在這二、三十年內變很多！以前國中的社會科課本只有教中國大陸的歷史和地理，1997 年首度推行教授台灣歷史、地理和社會的教科書，以近幾百年的台灣為主體。所以反過來想，35 歲以上的台灣人，在學校幾乎沒有學過關於台灣的歷史，很奇妙吧。

日 這麼說來的確很難以想像……。

台 戒嚴初期，國民黨政府不放棄反攻大陸，又希望接受日本義務教育的本省人快脫離皇民化思想，所以教科書都是以中國大陸為中心的內容。直到解嚴之後，改革的部分很多，我自己這一代就是讀新版課本長大的。

日 那麼小學呢？

台 小學低年級有「母語教學」，高年級有「鄉土教學課程」，以前戒嚴是嚴格禁止說方言的，現在重新正視多元族群，在小學有教授中文以外的母語課程。「鄉土教學」是去認識自己的居住地，學習在地的文化。

日 這些課程你都有上過嗎？

台 母語教學太新了，2001 年才開始的，我沒上過。不過聽說前幾年來自東南亞的新住民增加，有些國小會提供越南語、馬來語、泰語、菲律賓語、柬埔寨語和緬甸語的教學。

教科書の内容は、どう変わったの？

日　台湾は戒厳令を経て、教科書に何か変化はあった？

台　ある。この２、30 年の変化は大きいよ！　昔、中学校の社会科の教科書では、中国の歴史と地理しか教えなかったの。1997 年に初めて、ここ数百年の台湾を主体にした台湾の歴史、地理や社会の教科書が普及したの。言い換えるとつまり、35 歳以上の台湾人は学校でほとんど台湾の歴史を勉強したことがないんだよ。不思議でしょ。

日　言われてみれば、確かに想像しにくいね……。

台　戒厳令初期、国民党政府は中国を取り戻すのを諦めきれないと同時に、日本の義務教育を受けた本省人に皇民化思想から早く抜け出してほしくて、教科書は全部中国大陸中心の内容だった。戒厳令解除後、変わった部分はたくさんあるんだ。私の世代も新バージョンの教科書で育ったんだよ。

日　じゃあ小学校は？

台　小学校低学年は「母語教育」、高学年は「郷土教育」があるんだ。昔、戒厳令中は方言を話すことを厳しく禁じられたけど、今は改めて多様な民族の概念を直視して、小学校では中国語以外の母語クラスがあるんだよ。「郷土教育」は自分が住んでる土地を理解するもので、地元の文化を学ぶクラスなの。

日　そういう授業を受けたことある？

台　母語教育は 2001 年から始まったから、新しすぎて私は受けたことない。でも東南アジアから移民した新住民が増えて、数年前から一部小学校ではベトナム語、マレー語、タイ語、フィリピン語、カンボジア語、ミャンマー語のクラスもあるらしいよ。

19 台湾原住民は何部族いるの？
台灣的原住民有幾族？

　　台灣的先住民族群，也就是「台灣原住民」，是在中國大陸的移民大量來台之前，早於 17 世紀就住在這個島上的民族。以往曾經稱住在山地上的是「高砂族」，住在平地的是「平埔族」，但是在日本統治時期進行普查，當時的日本學者提倡的九族論漸成定調，後來又有七族被認證，目前政府承認的原住民族是包含阿美族在內的 16 族。

　　根據內政部的調查，目前原住民人口有 56 萬人，佔台灣總人口的 2.37%。先來到島上的民族成為少數族群的原因，主要在於和漢族的通婚及同化。另外，由於外表、教育、飲食或文化上的差異，從日治時代到最近都難以否定有歧視和偏見的存在。從前原住民很難找到好工作，許多人因此進入經濟狀況變差的惡性循環。

　　不過隨著台灣社會的自我認同提升，狀況逐漸改善。1996 年行政院成立專門管轄原住民族的原住民族委員會，2005 年制定原住民基本法。大學學測和公務員考試有加分機制，身分證上可以用羅馬字標註原住民的本名，不再只有漢名。原住民電視台也開台，訊息傳播力大增。而且蔡英文總統在 2016 年以台灣元首的身分，對過往原住民受到的不平等對待首度公開道歉，引起廣大的注目。

　　另一方面，原住民在日治時代接受日語教育，戒嚴時期亦被嚴格要求學習中文，導致眾多原住民失去使用母語的能力。現在學習閩南語、客家語及原住民族……等母語的鄉土語言課程被列為必修課程，從 2001 年在國中小實施，總算找回了學習的機會，只是實際上有能力應用的人已經越來越少。也因此各部落致力於開放觀光，表演歌舞或戲劇，用各種方式傳承語言及文化。

高砂族	主に山地に住む原住民族に対する、日本統治時代の通称
平埔族	もともと、主に平地に住んでいた原住民族に対する通称
通婚	異民族あるいは外国人との結婚
歧視	差別（する）
傳承	継承する、引き継ぐ

台湾の先住民族、すなわち「台湾原住民」は、中国大陸からの移民が大量に台湾に来た 17 世紀以前からこの島に住んでいたエスニックグループを指します。かつては山地に住む「高砂族（たかさごぞく）」と平地に住む「平埔族（へいほぞく）」と呼ばれていましたが、日本統治時代に調査が進み、当時の日本人学者によって提唱された 9 部族論が次第に定着していきました。その後 7 部族が新たに承認され、現在政府が原住民として認定するのは、アミ族をはじめとする 16 部族です。

　内政部による調査では、現在原住民の人口は 56 万人で台湾総人口の 2.37%を占めます。先住していた民族が少数派になった原因は、主に漢民族との婚姻、同化だといわれています。また見た目や教育、飲食習慣、文化などの違いから、日本統治時代よりつい最近まで差別や偏見があったことは否定できません。かつて原住民がいい職に就くことは難しく、それゆえの経済状況悪化という負のループに入り込んでしまった人もたくさんいました。

　しかし、台湾人のアイデンティティーの高まりを背景に、状況は改善されつつあります。1996 年には原住民族を専門に管轄とする省庁である原住民族委員会が設置され、2005 年には原住民基本法が制定されました。大学センター試験での加点や公務員試験の優遇制度ができ、身分証には、漢字名ではなく原住民の名をアルファベットで表記できるようになりました。原住民テレビも開局し、発信力も大きくなっています。さらに 2016 年、蔡英文（さいえいぶん）が過去の原住民に対する不平等な待遇について台湾の総統として初めて謝罪したことは、大きな注目を浴びました。

　一方、日本統治時代には日本語教育、戒厳令時には厳格なマンダリン教育が敷かれた結果、多くの原住民は母語を話せなくなってしまいました。2001 年度より閩南語、客家語、原住民諸語などの郷土言語教育が小中学校の必修科目として開始され、習得の機会はできたものの、実用レベルで話せる人は少なくなる一方です。そのため各集落を開放して観光スポットにしたり、歌や演劇でのパフォーマンスなど、いろいろな方法で言葉と文化の継承に尽力しています。

原住民料理的特色？

日 原住民料理有什麼特色？

台 各族不同的特色分很細，我先略過，比較王道的是，以山地才能取得的山菜為主的料理，山豬肉做的香腸，和放進竹筒蒸煮的糯米飯之類的吧！

日 那我有吃過！混合了中菜的風味，大多強調出食材的特色，很好吃。

台 小米酒也很有名喔！

日 喝起來很順口，一不小心就容易喝多了。

台 不同族對山椒的稱法也不同，例如泰雅族是講「馬告」。

日 原住民的語言和中文完全不一樣耶！

台 好像跟南島語系和菲律賓的語言比較接近，而且每族的語言都不同，聽說在日治時代各族之間共通的語言是日文。

日 我聽過正在學日文的原住民青年，學日文之後才終於能跟祖父母溝通的例子。

台 在日治時期雖然發生過原住民的抗日事件，但是有很多當時以日文進行的研究資料留下來，對現今的原住民研究有相當大的幫助。

日 我想到，目前在巨人隊發展的陽岱鋼選手是阿美族的吧？

台 原住民在演藝圈和體育界活躍的人特別多喔！曾經隸屬於中日隊的棒球選手郭源治也是阿美族，然後在日本演藝圈也紅及一時的徐若瑄，她的母親是泰雅族。這些成功人士對提升原住民地位應該也有很大的貢獻吧！

原住民料理はどんなもの？

日　原住民の料理って、どういうものがあるの？

台　各部族の違いは細かすぎるから省くけど、わりとメジャーなのは山地でしか採れない山菜を主に使った料理とか、イノシシのソーセージ、竹筒に入れて蒸したもち米とかじゃないかな。

日　食べたことある！　味付けは中華料理がミックスされてて、さらに素材を生かした料理も多めで、おいしい。

台　アワのお酒も有名だよ。

日　口当たりがよくて、つい飲み過ぎちゃうんだよね。

台　山椒の名前も、各原住民によって違ってて、例えばタイヤル族は「馬告（マーガオ）」って言うの。

日　原住民の言葉は、中国語の系統とは全然違うんだね。

台　オーストロネシア語族で、フィリピンとかの言葉に近いみたい。しかも各部族の言葉もそれぞれ違うから、日本統治時代、各部族の共通言語は日本語だったって。

日　日本語を勉強してる原住民の若者が、日本語で祖父母と話せるようになったって話も聞いたことがあるよ。

台　日本統治時代には原住民による抗日事件もあったけど、当時研究された日本語による資料もたくさん残されていて、今の原住民研究には大きな功績を果たしてるの。

日　そういえば、今巨人で活躍中の陽岱鋼（ようだいかん）選手はアミ族出身だよね。

台　原住民は芸能、スポーツの分野で活躍している人が特に多いよ。かつて元中日に所属していたプロ野球選手の郭源治（かくげんじ）もアミ族、それから日本の芸能界でも活躍したビビアン・スーは母親がタイヤル族だよ。そんなふうに成功した人たちは、原住民の地位向上にも大きく貢献していると思う。

20 台湾と中国では言葉は違うの？
兩岸的語言不同嗎?

　　台灣和中國大陸隔了一道海峽，在 1949 年國民黨和共產黨的政權分離之後，語言、習俗等文化各自發展出不同的個性。歷史悠久的中華文化，隨著戰後來台落地生根的移民得以保存，讓台灣這個歷史不算長的島嶼承載了更多元的文化。

　　官方語言同樣是華語的兩岸，最顯著的差異是文字，對岸於 1964 年公布漢字簡化的總表，簡化過的中文字統稱為「簡體字」，相對於簡體的就是「繁體字」，在非華語圈的觀光區經常可以看到「簡體中文」和「繁體中文」分別標示。目前官方用字為簡體字的是中國大陸和新加坡等地，台灣和香港、澳門以及部分海外華人社群是用繁體字。但是對台灣而言，日常使用的漢字只是沒有被簡化，並沒有刻意變複雜，所以傳統漢字的名稱非「繁體字」，應該是「正體字」，表示文字的正統性。

　　基本上台灣大多數的人簡繁都能閱讀，只是有些字會看不習慣，而且中文介面的電腦作業系統會內建「簡繁互換」的功能，按個鍵就能轉換文書內容。不過兩岸用語差異日漸擴大，有點像英語和美語的關係，例如台灣用「模範」，大陸用「樣板」；台灣用「志工」，大陸用「志願者」；外來語的翻譯也不同，比如 Yogurt 的譯名，台灣是「優格」，大陸是「酸奶」，乍看之下會不太懂。因此外文書籍出中文譯本的時候，通常中港台會各自推出不同版本。

落地生根　　故郷以外の地に定住すること
移民　　　　移民（する）、移住（する）
官方語言　　公用語
兩岸　　　　中国と台湾を指す。さらに香港とマカオを加えると「両岸三地」
非華語圈　　非中華圏

台湾と中国は、海峡によって隔てられています。1949年に国民党と共産党で政権が分裂した後、言語や習慣など各文化はそれぞれ異なる方向へと発展しました。悠久の歴史を持つ中華文化は、戦後台湾に根付いた移民によって保存され、長くはない台湾のこの歴史に、さらに多様な文化が上乗せされることになりました。

　公用語は同じ華語（マンダリン）の台湾と中国ですが、最も明確な違いは文字です。中国は1964年に漢字を簡略化した簡化字総表を公布し、簡略化された文字は「簡体字」と呼ばれるようになりました。それに相対するのが「繁体字」です。非中国語コミュニティーの観光地ではよく「簡体字中国語」と「繁体字中国語」と区別して表示されています。現在、公式に簡体字を使用しているのは中国とシンガポールなどで、台湾、香港、マカオ、および一部の海外華人コミュニティーでは繁体字を使用しています。しかし台湾にとっては、日常的に使用する漢字が簡略化されていないだけで、意図的に複雑化しているわけではありません。つまり伝統的な漢字の名称は「繁体字」ではなく、文字の正統性を示す「正体字」であるべきです。

　基本的に、台湾のほとんどの人は、多少読み慣れない字があるだけで、簡繁どちらも読めます。それにコンピューターのシステムには、中国語のインターフェースに組み込まれた「簡繁変換」の機能があり、クリックするだけでドキュメントの内容を変換できます。しかし、台湾と中国の語彙の違いは日増しに広がっており、イギリス英語とアメリカ英語の関係に少し似ています。例えば台湾の「模範（見本）」は中国では「様板」、台湾の「志工（ボランティア）」は中国では「志願者」といいます。外来語の翻訳も異なります。例えば、ヨーグルトの訳は台湾では「優格」、中国では「酸奶」で、一見すると（同じものを指すとは）分かりません。外国語の本が中国語に翻訳される際、中国、香港、台湾では通常それぞれ異なるバージョンが出版されます。

為何歷史文物會保存在台灣的故宮呢？

日 我上次去台灣觀光有到故宮博物院參觀，我很好奇典藏內容都是中國的傳統文物，怎麼會在台灣？

台 簡單來說就是二戰時為了免於戰火摧殘，蔣中正護送大量原本在北京故宮的文物到南方，後來文物和金塊隨著軍隊被運來台灣，數量多達幾十萬件，當中有許多國寶級的精品。

日 還有什麼是戰後被移民帶到台灣，現在很有名的嗎？

台 你聽了可別嚇到！現在講到台灣不能不提的小籠包！

日 小籠包！？我以為小籠包是台灣的食物！

台 小籠包本來是上海菜，戰後來台的軍人去當廚師而發揚光大的。而且隨處可見的牛肉麵也是喔！牛肉麵原本是中國北方的麵食，後來融合台灣口味，變成現在的樣子。

なぜ歴史的文化財が台湾の故宮博物院にあるの？

日 この前台湾に旅行したとき、故宮博物院を見に行ったよ。面白いのは、所蔵品が全部中国の伝統的な文物なんだね。どうして台湾にあるの？

台 簡単にいえば、第二次世界大戦のとき、戦禍を免れるために、蒋介石が北京の故宮にあった文物を大量に南方に護送したの。のちに、文物と金塊が軍人と共に台湾に運ばれてきた。その数は 10 万以上で、そのうちの多くが国宝級の名品なんだよ。

日 ほかにも、何か戦後移住した人たちが台湾に持ってきたものはある？今も有名？

台 聞いて驚かないでね！　今、台湾といえば触れないわけにはいかない小籠包だよ！

日 小籠包!?　小籠包って台湾の食べ物だと思ってたよ！

台 小籠包はもともと上海料理で、戦後台湾に来た軍人が料理人になって大々的に広めたんだよ。それに、街中の至る所で見かける牛肉麺もだよ。牛肉麺は元々中国北方の小麦粉料理で、のちに台湾の味と混ざり合い、今のものになったんだよ。

騎樓

建物の1階部分が歩道になっているもの。歩道の天井は2階の床に当たり、ちょうど屋根の役割を果たしている。このようなスタイルを「二樓騎在一樓上面（2階が1階に乗っている」というため、「騎樓」と呼ばれるようになった。「騎樓」の機能は、風通しがよく、雨や日光を遮ることができるので、高温多湿な地域に適している。

921大地震

発生は1999年9月21日の未明1時47分、マグニチュードの規模は7.3。震源地は台湾中部の南投集集鎮のため、集集大地震とも言われる。死傷者が最も多かったのは南投と台中で、その次は多くの高層ビルが倒壊した台北だった。この地震により2,415人が死亡、1万人以上が負傷し、15万棟以上が全壊もしくは半壊、戦後台湾で最も多くの死傷者を出した深刻な天災となった。2000年、9月21日は国家防災日に制定された。

葡萄牙

ポルトガルは西洋大航海時代を切り開いた国の一つである。言い伝えによると、16世紀あるポルトガルの商船が台湾海峡を通ったとき、船員が思わず「Ilha Formosa（なんて麗しい島なんだ）」と叫んだことから、後にヨーロッパでは「福爾摩莎 (Formosa)」が台湾の代名詞になったと言われる。その中国語訳「美麗島」も、今や台湾が自称する言葉の一つである。

鄭成功

1624年、九州の平戸（現長崎県平戸）にて、日本人の母と東洋貿易の海賊の父との間に生まれる。1645年、清軍が南方に攻めてくると、鄭成功は明朝の将校として清軍に立ち向かうが、あえなく敗北。1661年、彼が自ら大軍を率いて台湾を植民したオランダ人を撃退した。その後、反撃の基地と見なされると同時に、台湾初の漢民族による政権となった。なお、彼の革命の物語を描いた近松門左衛門の人形浄瑠璃『国性爺合戦』から、日本では国姓爺の名でも知られる。

皇民化政策

1936 年から 1945 年、日本が植民地に対して実施した同化政策。それより以前の統治方針は、台湾文化と日本文化が共存していた。皇民化政策とは主に、台湾人に日本の姓名を付けることの奨励、日本語教育の普及、和服の着用、神社の創建などである。これにより、台湾人の日本思想への忠誠心を強固にした。

原住民

日本統治時代にアミ族、タイヤル族、パイワン族、ブヌン族、プユマ族、ルカイ族、サイシャット族、ツォウ族、タオ族の９部族が原住民として認定された。後にクバラン族、サオ族、タロコ族、サキザヤ族、セデック族、サアロア族、カナカナブ族の７部族が新たに認定され、現在は 16 部族とされる。最も人口が多いアミ族は約 21 万人、対して最も人口が少ないカナカナブ族は約 350 人しかいない。

新住民

1987 年の戒厳令解除後、国際結婚、あるいは別の方法で中華民国籍を取得した移民のこと。主に中国、マレーシア、インドネシア、ベトナム、フィリピン、タイなどから来ており、現在外国人配偶者の数は 50 万人を超え、新住民の二世代目は新生児の割合が４分の１を占めている。中国を除く外国籍労働者は、すでに 80 万人近くが台湾に住んでいる。内政を所管する最高行政機関である内政部の統計によると、現在、すでに身分証を取得した新住民は 65 万人で、台湾人口の３％以上を占めている。

白色恐怖

白色テロは、反体制の者に対して過度の弾圧行為を行い、暴力的な手段で統治した政権を指す。この名はフランス革命の時期、政府と軍を代表する色が白だったことに由来する。台湾の白色テロの期間は、1949 年に戒厳令が実施されたときに始まった。しかし 1987 年の解除後も、政府は依然として懲治叛乱条例をもって政治犯を逮捕していた。後の 1991 年、この条例が廃止されて初めて、白色テロは正真正銘の終結を迎えた。

身分證

中華民国民の身分証カードのこと。満 14 歳になると取得でき、14 歳未満は戸籍がその代わりとなる。身分証には姓名、出生年月日、性別、出生地、本籍、父母および配偶者の氏名、および中華民国民なら必ず持っている「身分証番号」が記載されている。身分証の番号は 10 桁で、頭は大文字のアルファベット、続く 9 桁は数字である。台湾で身元を確認する場合、通常はこの身分証を用いる。

両岸

「兩岸」とは台湾海峡の両岸のこと。つまり台湾と中国の別称である。双方には長年主権をめぐる主張にずれがあるため、通常はこのように政治的な意味合いを薄めた軟らかい言葉を用いる。そのほか台湾の「對岸」といえば中国を指し、「兩岸三地」といえば台湾、香港・マカオ、中国を指す。

現代社会

第 3 章

現代社會

台湾の交通事情を教えて？

常見的交通工具有哪些？

　　除了離島以外的台灣本島，有鐵路、台灣高鐵、長程客運，然後主要的都會區還有公車、MRT（捷運），各式交通運輸工具相當發達。

　　本島的中央是山脈，所以鐵路是沿著海岸線繞行一圈。自強號特快車從台北到高雄最快需要約四個小時。先不考慮轉車的時間，如果早上搭特快的自強號從台北出發環島一圈，剛好晚上可以回到台北。

　　連結南北的台灣高鐵，採用日本的新幹線技術，於 2007 年正式啟用。現在從南港站到左營站的 12 站，總共約 350 多公里的距離，以最高時速 300 公里運行，約 1 小時 40 分鐘可到達。

　　長程的客運價格便宜，設備卻很高檔。每個寬敞的座椅上都附電視螢幕，還會提供咖啡茶水，非常舒適。台北到高雄在夜間需要行駛約 4 小時。

　　市內公車光是大台北都會區就有 200 條以上的路線，是市民相當重要的代步工具。雖然複雜到連台北人除了自己常搭的路線以外都不太清楚，但是現在智慧型手機可以下載路線 APP，輸入所在地和目的地就能查出最便捷的路線。

　　MRT 通稱為「捷運」，目前運行於台北和高雄，台北有 6 條線，高雄有 3 條線。除了機場捷運以外，捷運沒有時刻表，從早上 6 點到晚上 24 點，平均每隔 5 ～ 10 分鐘一班車。儲值型的 IC 感應卡「悠遊卡（北捷）」和「一卡通（高捷）」的普及率很高，兩者皆可互相通用，需要特別注意的是捷運上嚴格禁止飲食，違規會遭罰款。

　　計程車的車體是黃色，在大城市的計費採里程制，在觀光地偶爾會有綁定費用的狀況。計程車和公車在搭車時，需要繫好安全帶或抓緊把手。

高鐵	台湾高速鉄道、日本では通称「台湾新幹線」とも言う
搭	乗る
客運	市内バス「公車」に対し、長距離のバス
APP	アプリ（アルファベットで「エーピーピー」と発音）
儲值	チャージ

離島を除く台湾本島には、在来線、台湾高速鉄道、長距離バス、それから主
要都市には路線バス、MRT（大量高速輸送）が各種交通機関が非常に発達し
ています。

　中央に山脈があるため、在来線は島の海岸線をぐるりと一周するように走っ
ています。特急「自強号」で台北〜高雄間は最短で４時間ほどかかります。
乗り継ぎを考慮しなければ、特急の自強号なら朝、台北を出発し島を一周する
と、ちょうど夜に台北に戻ってこられます。

　南北を結ぶ台湾高速鉄道は、日本の新幹線技術を採用して 2007 年に開通
しました。現在は南港駅と左営駅間の 12 駅約 350 キロメール余りを、最高
速度 300 キロ、約 1 時間 40 分ほどで運行します。

　長距離バスは低料金ながらも設備は高級仕様で、大きな各シートにテレビモ
ニターが付き、コーヒーサービスがあるなど、とても快適です。台北〜高雄間
は深夜で所要時間約４時間程度です。

　市内路線バスは台北市と新北（しんほく）市だけでも 200 以上の路線があり、
市民の大変重要な足となっています。台北人でさえも利用路線以外分からない
というほど複雑ですが、現在はスマートフォンのアプリに現在地と目的地を入
力すれば、最適な路線バスを検索できます。

　通称「捷運（ジエユン）」と呼ばれるＭＲＴは現在台北と高雄にあり、台北
に６路線、高雄に３路線開通しています。空港線を除いて時刻表はなく、朝
６時〜夜 24 時まで平均約 5 〜 10 分間隔で運行。チャージ式の IC カード
EasyCard（台北 MRT）、iPASS（高雄 MRT）の普及率が高く、どちらも両
エリア共通で利用できます。特に注意が必要な点は MRT 内では飲食が一切禁
止されていること。違反をすると罰金を科せられます。

　タクシーの車体は黄色で、大都市の料金はメーター制です。観光地は固定料
金が定められている場合もあります。タクシーと路線バスは、乗車時にはシー
トベルトを締める、手すりにしっかりつかまるなど注意が必要です。

YouBike 是什麼？

日 台灣是機車王國，不過最近騎單車的人也不少嘛！

台 因為很多人開始使用一種叫 YouBike 的單車租借系統，這是 2009 年從台北開始的共享型租車服務，現在新北市、桃園市、新竹市、新竹科學園區、苗栗縣和彰化縣都已跟進。類似的服務在台中市有 iBike，台南有 T-bike，可以說已經成為市民重要的交通方式之一。

日 觀光客也可以用嗎？

台 嗯！可以！不過每個地方的使用方式不太一樣，要自己去確認一下喔！

日 騎單車的規定有什麼跟日本不同的嗎？

台 要小心台灣是右側通行。主要道路會有單車專用道，但是可能會有不小心走在上面的路人，需要特別注意；沒有專用道的時候就是開在車道上，更加需要小心注意，畢竟路上很多機車，也比較多開車比日本猛的人。

日 了解，跟日本是相反的耶！

台 不過其實台灣有一處是左側通行，你知道是什麼地方嗎？

日 不知道，是什麼地方？

台 是台鐵的火車鐵道喔！因為鐵道是在日本統治時期鋪設的，當時的車道和日本一樣是左側通行。國民黨來台之後，車道才全面改為右側通行。不過只有鐵道無法輕易更換左右線道，所以就一直沒變。

日 我完全不知道耶！下次搭的時候要好好注意一下。

YouBike ってどんなもの？

日 台湾はバイク王国だけど、最近は自転車に乗ってる人も多いよね。

台 YouBike という自転車レンタルシステムを利用している人が多いんだ。2009 年に台北から始まったシェアリングサービスで、今は新北市、桃園市、新竹市、新竹科学園区、苗栗（びょうりつ）県、彰化（しょうか）県で利用可能。台中市には iBike、台南には T-Bike というのもある。もう市民の立派な交通手段の一つといっていいかもしれないね。

日 旅行者でも利用可能？

台 うん、使えるよ。でも地域によって利用方法が違うから、自分で確認してね。

日 何か日本と違う自転車のルールはある？

台 台湾は右側通行だから気を付けてね。主要道路では自転車専用レーンがあるけど、うっかり歩いている歩行者もいるから注意は必要。専用レーンがない場合は車道を走るので、もっと注意が必要。バイクも多いし、日本と比べると運転が荒い人も多めだから。

日 了解。日本とは逆なんだね。

台 でも実は、台湾にも一つだけ左側通行のものがあるんだよ。何か知ってる？

日 全然。それって何？

台 在来線の台湾鉄道だよ。なぜかというと、日本統治時代に鉄道のインフラが整備建設されたから、当時は車道も日本と同じ左側通行だったんだって。国民党が台湾に来てから、車道を含めてすべて右側通行に変わったんだよ。でも鉄道だけは簡単に左右スイッチできないから、そのまま使ってるんだ。

日 全然知らなかったよ。今度乗るときは注意して見てみよう。

22 台湾人はエコなの？
台灣人環保嗎？

　　每天要定時定點追逐垃圾車的景象，令人很難想像台灣現在其實是回收率名列世界第三的環保模範生。在 90 年代，還沒有資源回收概念的台灣，回收率幾乎為零，垃圾掩埋場一度瀕臨極限。為提升國際形象，解決垃圾問題，開始以德國及日本等國家為效仿的對象，積極推出相關政策，建立一般民眾的環保觀念。

　　這十幾年間在生活中最有感的是，逐步推行的各項「限塑政策」。現在大多數商店不會免費提供塑膠袋，需要的人必須主動付錢購買。在便利商店常見的不織布便當提網，也是配合政策所發明的產物。這使購物塑膠袋年使用量從 34 億個減少到 14 億個，七成以上的民眾表示不會索取，很多人開始隨身攜帶環保袋。

　　2015 年曾有個關鍵的事件，網路上廣傳一則海龜鼻子插入吸管的影片，人類製造的海洋垃圾正造成生態浩劫。台灣是四面環海的島嶼，對解決海洋垃圾的問題無法卸責，這則影片讓環保議題在民間更加升溫。2019 年 7 月，台灣正式實施限用塑膠吸管政策，連全球吸管使用量排名第一及第二的麥當勞和星巴克，在台灣的店鋪也順應政策，停止提供塑膠吸管，這是領先全球的創舉。再者，在號稱珍奶大國的台灣，大量廢棄飲料杯和吸管也是嚴重的社會問題，現在許多店家推出自備飲料杯可享優惠的方案，引進紙製吸管取代塑膠吸管，造型可愛的「玻璃吸管」、「不鏽鋼吸管」及「布製飲料提袋」也成為近年的熱門商品。

　　根據 2017 年的統計指出，每人每天製造的垃圾量，世界平均是 1.2 公斤，在台灣是 0.4 公斤，而且資源回收率已達 58%，高居世界第三，可見垃圾減量有顯著的成效。不過相對於民眾的環保意識提升，垃圾的「再生利用率」還趕不上「回收率」，這種政策推行的方式，反映出台灣人容易「先做再說」的個性。

環保	環境保護、エコ
垃圾	ごみ（台湾では la1 ji1 ではなく le4 se4 と発音する）
塑膠袋	ビニール袋
吸管	ストロー
不鏽鋼	ステンレス

毎日決まった時間、決まった場所でごみ収集車を追いかける光景からは、台湾が現在、実は（資源）回収率世界第3位の環境保護優等生だとは想像しづらいでしょう。1990年代、まだ資源回収の概念がなかった台湾の回収率はほぼゼロで、埋立地は限界に近づいていました。国際的なイメージを改善し、ごみ問題を解決するために、ドイツ、日本などの国を手本とし、一般市民の環境保護の概念を確立するための関連政策を積極的に導入しました。

　この10年の生活の中で印象的なのは、段階的に実施されてきた各分野の「プラスチック制限の政策」です。現在では、ほとんどの店舗でレジ袋は無料提供しておらず、必要な人はお金を払って購入しなければなりません。コンビニでよく見られる不織布の弁当手提げバッグも、政策にあわせて発明されたものです。これにより、買い物用レジ袋の年間使用量が34億枚から14億枚に減少しました。7割以上の人が不要だと表明し、多くの人がエコバッグを携帯するようになりました。

　2015年、そのきっかけとなる事件がありました。ウミガメの鼻にストローが刺さった映像が、インターネット上で拡散したのです。人工の海洋ごみは生態系に被害をもたらしています。四方を海に囲まれた島である台湾が、海洋ごみの問題の解決にあたり責任逃れするわけにはいきません。この動画は、民間での環境保護に関する議論をさらに加熱させました。2019年7月、台湾はプラスチックストローを制限する政策を公式に実施しました。ストローの使用量で世界1位と2位のマクドナルドとスターバックスでさえ、台湾の店舗は政策に従いプラスチックストローの提供を取りやめました。これは世界で初の試みです。さらに、タピオカミルクティー大国として知られる台湾では、廃棄された大量の飲料カップやストローも深刻な社会問題です。現在、多くの店舗ではカップを持参すれば優待価格になるプランを打ち出しています。プラスチックストローの代わりとしては、紙ストローを導入しました。おしゃれなデザインの「ガラスストロー」、「ステンレスストロー」、それから「布製ドリンクバッグ」も近年の人気商品になっています。

　2017年の統計によると、一人当たりのごみの量は、世界平均で1日当たり1.2キロですが、台湾は0.4キロです。資源の回収率は58%に達し、世界トップスリーにランクされ、ごみの量の削減が顕著に成果を出したことが分かります。しかし、一般市民の環境保護に対する意識の向上と比較すると、ごみの「リサイクル率」は「回収率」に追い付いていません。このような政策の進め方は、台湾人の「とりあえずやってみる」となりやすい性格を反映しています。

垃圾如何分類?

日 台灣的家庭垃圾要怎麼分類?

台 通常分成三種:一般垃圾、資源回收垃圾和廚餘。垃圾車來的時候,分別
包裝交給清潔員。

日 資源回收的垃圾是全部裝成一袋嗎?

台 基本上是,因為收走之後會有業者再細分,如果貼心一點的話,可以先按
照不同種類分好,讓做分類的人輕鬆一點,不過沒有強制。但是某些東西
需要個別包裝,比如乾電池、燈泡、燈管、保麗龍、陶瓷和磚塊⋯⋯等,
詳細規定可以上網查詢,以免造成清潔人員的負擔。

日 意外地分好細喔!廚餘也是一樣嗎?

台 廚餘要分成「生廚餘」和「熟廚餘」,前者會送去當堆肥,後者會拿去餵豬。
比如果皮、菜梗、茶葉渣、咖啡粉都算生廚餘,忘記的時候就上網查詢,
或是想想這東西能不能給豬吃。垃圾車前端會放兩個桶子,按照生熟的類
別去丟就好,不過要記住,塑膠袋不能一起丟進去。

日 還有什麼要注意的嗎?

台 如果是住在台北市或新北市,必須購買市政府指定的專用垃圾袋,不然垃
圾車不會收。

日 為什麼要這樣做?專用垃圾袋比普通的貴吧?

台 因為要推行垃圾減量的政策啊!政府覺得丟垃圾變麻煩的話,民眾就會想
辦法減少製造垃圾,間接降低整體垃圾量,事實上的確有奏效。

日 咦?不會引起民怨嗎?

台 目的是好事,就算有不滿也只好配合。

ごみはどう分別するの？

日 台湾の家庭ではどういうふうにごみを分別するの？

台 普通は、一般ごみ、資源回収ごみ、生ごみの３種類に分別するんだよ。
ごみ収集車が来たら、分別した袋を清掃員に渡すの。

日 資源回収のごみは、全部一つの袋に入れるの？

台 基本的にはね。集めた後、細かく分別する業者がいるから。もし少し親
切にしてあげるなら、先にそれぞれ分別しておくと業者が楽になるけど、
強制ではない。でも乾電池、電球、発砲スチロール、セラミックやブロッ
クとか、特定の物は個別に梱包しなきゃいけない。清掃員に負担をかけ
ないように、詳しい規定はオンラインで確認できるよ。

日 意外に細かいんだね。食べ残しのごみも同じ？

台 食べ残しのごみは「生ごみ」と「調理済みのごみ」に分かれるんだ。前者
は肥料とされ、後者は豚の餌とされる。例えば果物の皮、野菜の茎、出が
らしの茶葉、コーヒーの粉はすべて生ごみね。忘れたらインターネットを
検索したり、それをブタが食べられるか考える。ごみ収集車の前に二つバ
ケツがあるから、生と調理済みのそれぞれに捨てればいい。でもビニール
袋は一緒に捨てちゃいけないのは忘れないでね。

日 ほかに注意することはある？

台 もし台北市か新北市に住んでるなら，市政府指定のビニール袋を買わな
いといけないの。じゃなかったら、受け取ってもらえないよ。

日 どうしてそんなことするの？　専用のごみ袋は普通より高いんじゃない？

台 ごみを減らす政策だよ。政府はごみ捨てが面倒になったら、市民はごみ
を減らす方法を考えると思ったんだね。間接的にでもごみの総量を削減
できれば、実際確かに効果はあるよね。

日 え、市民に恨まれない？

台 目的はいいことだから、不満があっても協力するしかないよ。

(23) 結婚式はどんな感じ？
結婚典禮是什麼樣子？

　　在台灣結婚比較不會辦正式的婚禮，而是以喜酒的形式為主；另外，婚宴舉辦之前會先辦訂婚，這也是用辦喜酒的方式，宴請親戚朋友盛大慶祝。最近越來越多人走簡化流程，只在結婚當天和訂婚時邀請家人舉行儀式。

　　婚宴當天，會場的入口看板會放上新郎新娘的婚紗照，可別小看這組婚紗照，費用可是高於喜酒本身。台灣風的婚禮就是要講究婚紗照，在辦喜酒的幾個月前就先拍攝，背景、服裝、化妝變換好幾套不同的情境，最後製作成精美的婚紗相簿，留下結婚的紀念。平常去到風景勝地，遇到新人正在拍婚紗照的機率很高。

　　在喜酒上，來賓致詞的場面不多，反倒是新郎新娘會唸信向對方表示心意。活動環節比日本少，氣氛以輕鬆享用餐點為主，不過新娘換裝通常高達三次，每套都很華麗。

　　賓客的服裝非常隨興，穿普通的便服出席也沒有太大的問題，尤其男性，常有人穿著牛仔褲等便裝就來了。不過畢竟是喜事，還是有盛裝打扮穿小禮服的人，只要避免穿得比新娘搶眼或白色的衣服就好。

　　沒有什麼特別的禮品，但會在訂婚宴時發大盒的餅乾禮盒「喜餅」給女方的賓客；沒有舉辦訂婚宴的話，就會在結婚典禮時發送禮餅。另外還有一年不能出席三次以上的喜酒、剛結婚的人為了不和別人撞喜，幾個月內不能參加別人的喜酒……等許多台灣特殊的婚禮文化。

喜酒	結婚式、結婚披露宴
訂婚	婚約
婚紗照	前撮りのウエディングフォト、結婚写真
便服	普段着
喜餅	新婦側の招待客だけに配られる引き菓子

台湾の結婚式は、婚姻そのものの儀式は特になく、日本の披露宴のような形式で行われます。一方、結婚式の日取りよりも前に行われる婚約式というものがあります。やはり披露宴のような形式で、親戚や友人を招待して大々的に祝うのですが、最近は簡略化され、結婚式当日、婚約式を先に親族だけで済ます人も多くなっています。

　結婚式の当日は、式場のウエルカムボードに新郎新婦の結婚写真が飾られますが、これがバカにできません。式以上の費用をかけて、こだわり抜くのが台湾流です。式の数カ月前から、背景、衣装、化粧を変えて何バージョンも撮り、後に立派なアルバムに収めて結婚記念とします。風景がきれいなスポットに行くと、結婚写真を撮影中のカップルに遭遇する確率は結構高いです。

　結婚式では、招待客側が祝辞を述べることは少ないですが、逆に新郎新婦がお互いへの気持ちをつづった手紙を読み合います。出し物は日本と比べると少なく、のんびりと食事を楽しむ雰囲気ですが、お色直しは豪華で3回くらいが一般的です。

　招待客のドレスコードは非常にゆるやかで、普段着で出席しても何ら問題ありません。特に男性は、Gパンなどラフな服装の人も多く見受けられます。お祝い事ですから、もちろんちょっとしたドレスを着る人もいますが、新婦より派手なものや白い衣装だけ避ければ大丈夫です。

　引き出物は特にありませんが、婚約式の際に新婦側の招待客にだけ「喜餅」という大きな引き菓子がふるまわれます。婚約式を行わなかった場合には、結婚式にこの喜餅が配られることがあります。そのほか、1年に3回以上結婚式に出席してはいけない、結婚式を挙げたばかりの人は、幸せがぶつかり合わないように、数カ月はほかの人の結婚式に出席しないなど、台湾ならではの特殊な婚礼文化もあります。

紅包要包多少?

日 台灣朋友邀請我去喝喜酒,紅包應該要包多少啊?

台 要看你跟新郎新娘的關係和喜酒會場的規模,通常會包比較吉祥的偶數,2,000 元、2,600 元、3,000 元、3,600 元最常見。只要避開和「死」同音的 4 就好。

日 偶數比較好,這跟日本相反耶!那放禮金的信封呢?

台 有婚禮慣用的紅包。白包是用來包奠儀的,絕對不能用白色的信封。然後,紅包交出去的時候,現場會直接確認金額,千萬要記住封口不能黏起來喔。

日 好,還有什麼需要注意的?

台 如果新人是曾經給過自己紅包的人,包稍微多於對方的金額還回去是基本禮儀,喪禮也是一樣的道理。

日 所以說越晚辦就包越大囉!

台 對啊!還有,食物和花飾可以打包帶回家,這是台灣才有的文化吧!因為菜會出到大家吃不完的程度,有時候喜宴快結束時,各桌會直接發打包用的紙盒。

日 不要浪費食物很合理啊!

台 這是象徵以前打拼的階段不見得能吃多好,至少在喜酒上要讓大家酒足飯飽,趁這一餐好好表達回饋的心意,所以有些新人會到處問賓客有沒有吃飽。

ご祝儀の相場はおいくら？

日 台湾人の友達の結婚式に招待されたんだけど、ご祝儀はどのくらい包めばいいかな？

台 新郎新婦との関係や式場の格によっても違うけど、縁起がいい偶数にするのが一般的だよ。2,000 元、2,600 元、3,000 元、3,600 元あたりかな。「死」と同じ発音の 4 だけは避けてね。

日 偶数がいいなんて、日本とは逆なんだね。じゃあご祝儀袋はどんなのがいい？

台 結婚式お約束の赤い封筒。白は香典になってしまうから、白っぽい色は絶対ダメ。それから、ご祝儀袋は渡したその場で金額を確認されるから、封筒の口は糊付けしないのが鉄則だよ。

日 分かった。あと何か気を付けることってある？

台 もし前にご祝儀をもらったことがある人の結婚式に出るときは、自分がもらった額より少し多めに出すのが礼儀。これはお葬式も同じ。

日 あとからお呼ばれする人が多く出すんだね。

台 そうなの。それから食べ物やお花の持ち帰り OK というのも台湾独特の文化かな。食べきれないほどの料理が出るので、終わるころになると、持ち帰り用のパックが回ってくることもある。

日 無駄にしないって合理的。

台 食べ物が十分じゃなかったときの名残で、結婚式ぐらいはたらふく食べてもらいたい、精一杯もてなすって気持ちも込められてるの。だから招待客に「ちゃんとお腹いっぱいになった？」って聞く新郎新婦もいるよ。

24 「坐月子」って何？
坐月子是什麼?

　　所謂的「坐月子」，是指女性在產後為了恢復因懷孕和生產而疲憊的身體，固定採行的傳統習俗。古早社會很難取得乾淨的用水，曾有「不洗澡洗頭」、「不刷牙」……等，在現代難以實踐的禁忌，但是已經轉化為「不碰冷水」、「不吃寒涼性的食材」、「不拿重物」、「不爬樓梯」……等現代人比較容易接受的細節，「慎重療養產後身體」的想法在台灣社會廣為傳承至今。

　　除了以上禁忌，飲食規定也很特別。因為要多吃補身體的東西，每餐均衡攝取青菜、魚、肉、湯是基本原則。月子餐中最有名的燉煮料理「麻油雞」，放了大量雞肉、麻油、生薑和米酒，吃了能暖和身體，的確會有很補的感覺。此外，還有許多高營養價值的月子餐，甚至有專門的檢定證照，相當講究品質和種類。

　　坐月子的時間，在台灣顧名思義就是一個月左右，地點有時會在父母親同住的老家，最近則是盛行去專門提供坐月子服務的產後療養中心。在產後療養中心，有 24 小時輪班制照顧新生兒的醫師、護理師常駐現場，還有出餐的服務，母親能在單人房內好好休息。這種月子中心的價位約一天 2,000 ～ 6,000 元不等，價格依照設備和服務有滿大的落差，但是都不算便宜的價錢。不過沒有好好坐月子的話，在數年或數十年之後，後遺症容易反映在健康上，很多台灣人考量到這點，很捨得把錢花在月子中心上。當然就算不去月子中心，配偶和長輩也認為應該全力照顧剛生產完的母親，這是社會上相當普遍的觀念，所以才會出現出相關的服務吧。

懷孕	妊娠する
禁忌	タブー、忌み嫌うこと
補身體	体に栄養をつける
月子中心	産後ケアセンター
配偶	配偶者

「坐月子」とは、産じょく期の女性が妊娠と出産で疲労した体を回復させるために行う、伝統的な風習のことです。清潔な水が確保しづらかった昔は、「入浴や洗髪をしない」、「歯を磨かない」など、現代ではちょっと実践しがたい禁忌事項もありましたが、今では「冷たい水に触れない」、「体を冷やす食材を食べない」、「重い物を持たない」、「階段を登らない」など、比較的受け入れやすいものへと細部は変化しつつ、「産後の体をいたわる」という根本思想は今もなお、台湾社会に広く引き継がれています。

禁忌事項のほか、食事にも特徴があります。精のつく物を食べるという考え方で、毎食野菜、魚、肉、スープすべてを摂取することが基本。「坐月子」のメニューとしても有名な煮込み料理「麻油雞」は、鶏肉と油、生姜、米焼酎がたっぷり入っており、食べると体がポカポカして、確かに精がつきそうな気がします。ほかにも栄養価の高い「坐月子」用のメニューはたくさんあり、専門の調理資格もあるほど、質と種類が究められています。

「坐月子」の期間は、台湾では一般的に約1カ月。場所は両親の実家のほか、最近では「坐月子」のサービスを専門に提供する産後ケアセンターが人気です。産後ケアセンターは、24時間体制で赤ちゃんを世話する医師、看護師が常駐し、食事も提供されるため、お母さんは個室でゆっくり休むことができます。産後ケアセンターの価格帯の相場は、1日2,000～6,000元ほど。設備やサービスによって価格の幅があるとはいえ、決して安い金額ではありません。しかし「坐月子」を怠ると、数年後、十数年後の健康にかかわると考えられているため、産後ケアセンターへの出費を惜しまない台湾人はとても多いのです。もちろん産後ケアセンターでなくても、配偶者、両親をはじめ、出産直後のお母さんを全力でサポートすべきだという空気が社会全体にあるからこそ、こうしたサービスが定着しているのでしょう。

如何為小孩取名字？

日 小孩出生之後，首先要取名字，在台灣是怎麼取的？

台 很多人會去算八字或紫微斗數，用出生的日期、時辰和筆劃，請老師找出幾組運勢佳的漢字，然後從裡面按照唸起來的感覺或喜好來選。

日 日本人也會算筆劃。不過聽說有人會改掉長輩為自己取的名字？

台 因為大家相信運勢和名字有很深的關係，當厄運不斷時，有些人會去改名。當然新的名字也是靠算命去決定運勢好的字。

日 那有什麼跟小孩有關的傳統儀式嗎？

台 出生滿一個月要「做滿月」，分送糕點和紅色的油飯給親戚朋友，分享滿月的喜悅。這時太太的娘家要送從衣服到帽子的全套衣服當祝賀。

日 女方的娘家真辛苦啊！

台 然後滿四個月的時候會「收涎」，也就是祈禱小孩不再流口水。用繩子穿過中心打洞的餅乾和甜甜圈，像項圈一樣掛在小孩的脖子上，家人和親戚要每人輪流擦拭小孩的嘴邊。

日 真有趣！

台 滿一歲還有稱為「抓周」的好玩儀式喔！首先在小孩的身邊放滿各種物品，比如書本、鋼筆、聽診器、算盤、存摺、醫療器材等等，看小孩抓住什麼東西，預想他的性格和未來的職業。

日 就算預測不準，也可以促進家人之間的交流呢！

子供の名前はどうやって決めるの？

🇯🇵 子供が生まれたらまず名前を付けるよね。台湾ではどうやって決めるの？

🇹🇼 まず「八字」や「紫微斗數」という占いで、生まれた日、時間、画数を見て、縁起のいい漢字の組み合わせをいくつか出してもらうの。その中から、音の響きや好みで選ぶんだよ。

🇯🇵 日本では画数は見るけどね。でも年長者に付けてもらった名前を改名する人もいるよね？

🇹🇼 運気には名前が深く関係していると信じてるから、あまりよくないことが続いたりすると、改名する人もいる。新しい名前も、やっぱり占いで縁起のいい文字を教えてもらって決めるんだよ。

🇯🇵 じゃあ、赤ちゃんに関する何か伝統的な儀式はある？

🇹🇼 生まれて満1カ月になると、「做滿月」というお祝いをするよ。ケーキや赤く色付けしたご飯を親戚や友達に贈って喜びを分かち合うの。このとき母親の実家は、洋服から帽子まで全身着るものを贈るんだよ。

🇯🇵 お母さんの実家は大変だね。

🇹🇼 で、次に4カ月になると、よだれが収まるようにという願いを込めて「收涎」をするの。真ん中に穴の開いたクッキーやドーナツを紐に通して、赤ちゃんの首にネックレスみたいにかけて、家族や親戚が一人ずつ赤ちゃんの口の周りを拭いてあげるの。

🇯🇵 面白いね！

🇹🇼 満1歳になると、「抓周」というもっと楽しい儀式があるよ。まず赤ちゃんの周りに、本、万年筆、聴診器、そろばん、貯金通帳、医療機器とかいろいろな物を置くの。で、赤ちゃんが何を取るかで、性格や将来の職業を予想するんだよ。

🇯🇵 その通りにならなくても、家族との会話がはずみそうだね。

㉕ 幼児教育や塾は盛んですか？
幼兒教育和補習班有很多嗎？

　　少子化的現象相當嚴重，根據 2019 年各國生育率報告，台灣平均每位婦女只生 1.06 個小孩，出生率名列世界倒數第一，比日本和韓國還低，孩子更是成為每個家庭的寶貝。

　　婦女剛生產完一般會待在家裡或月子中心，由於全職家庭主婦的比例不高，產後一個月的母親通常有四種選項：一、請最長兩年的「育嬰留職停薪假」，這種適用於福利比較好的大公司；二、家人觀念傳統或感情好的話，兩代住在一起，白天請長輩幫忙帶小孩；三、找有執照的專業保母到宅育嬰，費用較高，但是對工時不固定、容易加班的家庭而言，找保母是比較安心的選項；第四個就是選擇專門照顧 0 ～ 2 歲寶寶的「托嬰中心」，每個月收費 8,000 ～ 15,000 元左右，公立的會比較便宜。年滿兩歲以上、五歲以下的幼兒都可以報名兼顧托育和幼教的功能和責任的「幼兒園」，減少雙薪和單親家庭的負擔。

　　以前有句知名的廣告詞「不要讓孩子輸在起跑點」，有能力的家庭會盡量讓孩子提升競爭力。台灣國中小的社團風氣沒有像日本那樣旺盛，早上八點到下午四、五點都是一般課程，因此校外的才藝補習班很受歡迎，樂器、繪畫、外語、美術、珠算……等，每天行程表排得滿滿的小孩子並不少見。

　　教育政策漸趨多元，明星學校的思維還是不減，許多家長會在孩子還小的時候，先把戶口遷到明星國小的學區內，這種現象間接造成學區內的房價升高。另外，各地車站前常見補習班林立，主要是以大學入學、外語檢定以及想成為公務人員的「國家考試」衝刺班為主。投資在教育上就有機會往上爬的觀念普遍存在，補習文化根深蒂固，台灣補教業的年產值據估高達 1,700 億元。

倒數	後ろから数える、ワースト
家庭主婦	専業主婦
保母	ベビーシッター
雙薪	ダブルインカム、共働き
補習班	学習塾、予備校

少子化現象は非常に深刻で、2019 年の出生率リポートによると、台湾女性の産む子供の数は平均 1.06 人と、出生率は世界で一番低く、日本や韓国をさらに下回り、子供は余計に各家庭の宝物となっています。

　女性が出産を終えると、普通は家か産後ケアセンターで過ごします。専業主婦の割合は低く、産後 1 カ月の母親には通常四つの選択肢があります。一つ目は、大企業など比較的ホワイト企業の福利厚生ですが、最長 2 年間の「育児休暇」を取ること。二つ目は、伝統的な考え方、または家族と良好な関係の場合、二世帯同居して日中は祖父母に子供を見てもらうこと。三つ目は、資格を持つプロのベビーシッターに自宅に来てもらうこと。費用は高いですが、時間の融通が効くので、残業が多い家庭にとってベビーシッターは安心できる選択肢でしょう。四つ目は、0〜2歳の乳幼児を預かる専門の「託児センター」です。毎月の利用料は 8,000 〜 1 万 5,000 元で、公立ですと比較的安いです。満 2 歳以上 5 歳未満の幼児は、託児所と幼児教育の機能と責任を兼ね備えた「幼児園」に申請が可能で、共働きや一人親家庭の負担を軽減しています。

　以前、「スタート地点で子供に引けをとらせるな」という有名な広告コピーがありました。その力がある家庭は、できる限り子供たちの競争力をレベルアップしようとするでしょう。台湾の小中学校の部活は、日本ほど盛んではありません。朝 8 時から午後 4 時、5 時まで授業があります。そのため、学校外の習い事の人気が高く、楽器、絵画、外国語、美術、そろばんなど、毎日スケジュールがいっぱい詰まった子供も珍しくありません。

　教育政策はますます多様化しており、名門校志向はまだ衰えていません。多くの親は、子供がまだ小さい頃から名門校がある学区に戸籍を移します。こうした現象が間接的に学区の地価高騰を引き起こします。また各駅前には、主に大学入試、外国語検定試験、公務員になるための「国家試験」を対象にした予備校が林立しています。教育への投資こそがステップアップできるチャンスという考え方が一般的なため、学習塾の文化が根付いており、台湾の教育産業の市場規模は、推定 1,700 億元とされています。

留學不是很特別的事情？

日 話說我身邊又有一個台灣人大學畢業要出國留學，這很常見嗎？

台 還算正常耶！台灣畢竟是一個小島，不少人會嚮往出國留學，看看外面的世界。而且台灣跟日本同樣很看重學歷，找工作看文憑的地方很多，有些人會選擇繼續往上攻讀。再加上能出國的機會有好幾種，不少年輕人都想去海外走一趟。

日 原來如此，比如有哪幾種？

台 大學有短期交換學生制度，或是自力出國念大學及研究所，出社會之後還能申請打工遊學和打工渡假。還有一種很常見的是「小留學生」，家長以申請移民為前提，把孩子從小送出國讀書，等他們長大後自己選擇要不要回台灣，這種狀況通常以美國和加拿大居多。

日 所以有時候認識英文流利得像母語的人，可能就是小留學生？

台 也有可能是「ABC」，American Born Chinese，在美國出生的華人。

日 ABC，很好記。

台 台灣在退出聯合國之後，國際地位很不穩定，80 年代發生過大量移民潮，當時出生的 ABC 現在差不多是 2、30 歲，開始在社會上活躍，不少外語流利的創業家和演藝明星也是 ABC 喔！

留学は特別なことじゃない？

日 そういえば、私の周りにも台湾大学を卒業して海外に留学した人がいるんだけど、よくあること？

台 まあ、普通だね。台湾はしょせん小さな島だから、みんな海外留学して外の世界を見ることに憧れる。それに台湾は日本と同じ学歴社会だから、仕事を探すにも学歴を見られるところが多いんだ。引き続き上を目指して学ぶことを選ぶ人もいる。外国に行けるチャンスもいくつか方法があるから、たくさんの若者が一度海外に行きたいと思ってるよ。

日 そうなのか。例えばどんなの？

台 大学の短期交換留学生制度や、私費で海外の大学や大学院で学ぶ人もいれば、社会に出てからワーク＆スタディやワーキングホリデーの申請もできる。あとよくいるのが「小留学生（小学生から高校生ぐらいまでの留学生）」。親が移住するという前提で、子供が小さな時から海外で学ばせて、子供が大きくなったら、自分で台湾に戻ってくるか選べるの。こういうのは普通アメリカやカナダに多いね。

日 どおりで時々英語が母語みたいに流暢な人に出会うんだね。もしかすると、その小留学生かも？

台 それか「ABC」かもね。American Born Chinese はアメリカで生まれ育った華人のこと。

日 ABC、覚えやすい。

台 台湾が国連を脱退して国際的立場が不安定になったから、80年代はすごい移民ブームが起きたんだ。当時生まれた ABC が今およそ2、30歳で、社会に出て活躍し始めてる。外国語が流暢な起業家や芸能人にも、たくさん ABC がいるんだよ。

26 お葬式は、死後どのくらいで挙げるの？
葬禮是過世後多久舉辦?

　　台灣的喪葬儀式大致上以佛教和道教融合的方式為主，也有部分信仰基督教或其他宗教的人，通常會按照家族的信仰來安排後事。

　　以最簡單的作法來說明，現代人大多於醫院往生，遺體會直接移置殯儀館，部分會送回家中守靈。往生的 24 小時之內要「入殮」，也就是清洗遺體、穿壽衣以及放入棺木，此時會設立靈堂，同時發訃聞通知親朋好友。到出殯的時間大約一到兩週不等，接著舉辦告別式，然後送去火化或入土，之後每逢忌日和清明節再前往祭拜。

　　談談比較特殊的觀念，例如死亡第七日稱為「頭七」，一般認為剛往生的靈體會四處遊蕩，到第七天才會被神明帶回大體旁邊，告知自己往生的事實，民眾普遍相信頭七當天亡者的靈魂會回家；頭七之前家裡的電燈不能關，當晚要準備好飯菜讓魂魄回來可以飽餐最後一頓，但是彼此不能見到面，免得有牽掛不能投胎，所以家人在頭七當晚要早早去睡覺。

　　葬禮穿的喪服以素色為主，黑色、白色或深藍色都可。奠儀又稱為「白包」，信封要用白色的，百位數必須是單數，例如 2,100 元或 1,100 元。近親辦喪事的七七四十九天之內，盡量不要拜訪別人家、不能參加婚禮、不能進出其他廟宇祭拜神明。看到有人在辦喪事，不可以直視或用手指該靈堂。然後，滿百日才算是真正告別，辦完喪事。

　　台灣的喪葬習俗在某些地區講求熱熱鬧鬧，人生的最後一程要走得風光，甚至越多人歡送越好。閃亮的電子花車遊行、鋼管辣妹表演、彩面八家將上陣遊街，花俏到令人不敢相信是喪禮，幾乎把喪事當成喜事來辦。

基督教	キリスト教（プロテスタント）
往生	他界する
壽衣	死者に着せる服
白包	香典
單數	奇数

台湾の葬儀は、主に仏教と道教を合わせた形式に基づいています。キリスト教やほかの宗教を信仰する人もいるので、普通は家族の信仰によってカスタマイズされます。

　最もシンプルな方法を紹介します。現代人はほとんどが病院で亡くなりますが、ご遺体は葬儀場に直接移送されるか、または自宅へ運ばれ通夜をします。死後24時間以内に「入棺」、すなわち遺体を洗い清め、死に装束をまとい、棺桶に収めます。そして霊安室が設置されると同時に、親戚や友人に訃報を通知します。出棺までの時間は大体1〜2週間ほどかかります。続いて告別式、それから火葬か土葬で埋葬されます。その後は命日と清明節にお墓参りします。

　少し特殊な概念に触れましょう。例えば死後7日目を「頭七」といい、一般的に、亡くなったばかりの霊は四方をさまよい、7日目に神によって肉体の傍らに連れてこられ、自分が亡くなった事実を知ると考えられています。死者の魂は頭七に一度戻ってくると信じられているのです。頭七までは自宅の電灯を消してはならず、その晩、戻ってきた魂が満腹になるよう最後の食事を準備しておきます。ですが、お互いに顔を合わせることはできません。転生できなくなるのではないかと心配させないように、家族は頭七の夜は早めに寝ます。

　お葬式に着る喪服は、主に無地で、黒、白、または紺です。香典は「白包」ともいわれ、封筒は白いものを使います。（金額は）例えば2,100元、1,100元など100の位が奇数でなければなりません。近親者の葬儀から49日の間は、できるだけ人の家を訪問せず、結婚式に参加せず、廟の神様にもお参りできません。もし誰かの葬儀を見かけたら、直接見たり霊安室を指差したりしてはいけません。その後、満100日が本当のお別れと見なされ、葬儀は終了します。

　台湾の葬儀は、地域によってはにぎやかに行う所もあります。人生の最後の旅は羽振りよくあるべきで、より多くの人々に見送られるほどいいとされます。きらびやかな電飾車のパレード、セクシーな女性のポールダンス、色鮮やかな仮面をつけた「八家将」（媽祖（まそ）などの主神を守る8人の武将）が路上に登場し、あまりのきらびやかさに葬儀とは信じがたいほどで、ほとんど葬儀をおめでたいこととみなして行います。

鬼月有哪些禁忌？

日 日本送禮的季節是在 8 月中元和 12 月年終歲末，台灣是什麼時候？

台 台灣是在春節前和中秋節。而且是看農曆的日子，農曆 8 月 15 日每年大約都是 9 月左右。

日 那台灣也有中元節嗎？時間跟日本一樣嗎？

台 台灣也有中元節，時間是農曆 7 月 15 日，大約是八月中左右，跟日本的中元時期差不多。不過中元節在台灣是普渡孤魂野鬼的日子，沒有投胎又沒有子孫祭拜的魂魄，在台灣又尊稱為「好兄弟」，每年中元節要隆重祭祀一番，請好兄弟多幫幫忙，不要干擾搗亂，尤其是做生意的店家，中元節一定要拜拜。

日 好兄弟啊！還有其他關於好兄弟的禁忌嗎？

台 有啊！你知道「鬼月」嗎？好兄弟會出來人世間遊蕩一整個月。

日 鬼月是指農曆七月嗎？

台 沒錯，相傳農曆 7 月 1 日是「鬼門開」的日子，鬼魂可以從陰間出來自由行動，直到七月的最後一天「鬼門關」，所以這整個月有很多禁忌都要注意。比如晚上不可以曬衣服、也不可以吹口哨、不能在室內撐傘、不能在窗邊掛風鈴，這都容易招來好兄弟。陽氣不夠會容易中邪，所以不可以拍別人的肩膀，後面有人叫你也不能直接轉頭，要整個身子轉過去。

日 好多喔！這些大家都會遵守嗎？

台 還有更多呢！一口氣說不完。雖然是迷信，但抱著寧可信其有的心態，每到鬼門開之後，大家都會盡量小心，不要觸犯這些禁忌。

タブーってあるの？

日 日本で贈り物の季節といえば８月のお中元と12月のお歳暮なんだけど、台湾はいつ？

台 台湾は春節前と中秋節だよ。旧暦に基づく８月15日。毎年だいたい９月ぐらいだね。

日 じゃあ台湾もお中元はある？　時期は日本と同じ？

台 台湾にも中元節はあるよ。時期は旧暦の７月15日、大体８月中旬だから、時期も日本とほぼ同じ。でも台湾の中元節は、供養されなかった霊が救いを求めてやってくる日なの。生まれ変われず、お墓参りしてくれる子孫がない魂を、台湾では「好兄弟」という尊称で呼ぶんだよ。毎年中元節になると盛大にまつるの。特に商売をしているお店は、お願いだから嫌がらせしたりしないでくださいと、中元節に必ずお参りするんだ。

日 好兄弟って言うんだ。ほかに好兄弟に関して禁忌はある？

台 あるよ。「鬼月」って知ってる？　好兄弟が出てきて１カ月さまよう月のこと。

日 鬼月は旧暦の７月？

台 そう。旧暦の７月１日は「鬼門が開く」日で，７月の最終日「鬼門が閉まる」そのときまで、霊はあの世から出てきて自由に行動できるの。だから、そのまる１カ月気を付けなきゃいけない禁忌がたくさんあるんだ。例えば、夜に服を干してはいけない。口笛を吹いてはいけない。部屋の中で傘を差してはいけない。窓際に風鈴をかけてはいけない。これらは全部好兄弟を引き寄せやすくなっちゃうの。陽気が足りないと取り憑かれやすくなるから、人の肩をたたいちゃいけない。後ろから呼ばれても直接振り向かず体ごと振り返る。

日 たくさんあるね！　それみんな守れるの？

台 本当はもっと多いんだけど、ひと言では言えない。迷信だけど、むしろ信じたい気持ちがあるから。鬼門が開かれた後は、みんなできるだけ気を付けてこうした禁忌を犯さないようにするんだ。

㉗ 物価は安いの？
物價很低嗎？

　　台灣的薪資呈現 20 年停滯不前的狀況，物價卻節節上升，年成長率在 2.7% 上下，迎接低成長與通貨緊縮的時代。而且高齡少子化的現象不亞於日本，自 2018 年受到中美貿易戰等世界經濟低迷的影響，今後的走向仍然不甚樂觀。

　　根據行政院主計處（等同日本的總務省統計局）實施的「全國人力運用調查」指出，受雇者的平均薪資在 2018 年 5 月是 3 萬 9,461 元（約 13 萬 8,114 圓），其中平均薪資最低的年齡層落在 15 ～ 24 歲的 2 萬 9,405 元（約 10 萬 2,918 圓），平均最高的年齡層是 45 ～ 64 歲的 4 萬 3,594 元（約 15 萬 2,579 圓）。最低月薪是 23,100 元（約 8 萬 850 圓），最低時薪是 150 元。

　　在此舉幾個物價的實例提供參考：搭公車 15 元、搭捷運 15 元起、台北到高雄（左營）的台鐵車票 650 元起／高鐵 1,490 元起。葉菜類蔬菜 1 把 10 元起、芒果 1 顆 30 元、雞蛋一盒 10 顆 60 ～ 100 元、牛奶 70 ～ 100 元、智慧型手機月租費 500 ～ 1,000 元。台北的出租公寓（附衛浴的套房）月租 1 萬元起。

　　從平均薪資來看物價無法說有多便宜，尤其是不動產在這十年價格三級跳，台北的地價飆到比東京昂貴三倍以上。但是受雇者的薪資始終不調漲，所得居於整體前 5% 的平均年收入，居然高達 470 萬元以上（約 1,645 萬圓），是平均薪資的 100 倍。台灣的薪資和物價都有越來越明顯的兩極化。

　　台灣有許多人喜歡以買股票的方式投資理財，而且富有階級中也有不少人，是在 80 年代經濟成長期靠股票發大財，或是在這十幾年來靠炒房賺進大把鈔票。因此社會普遍存在「錢滾錢」的理財概念，這也讓個體投資客的數量始終有增無減。

薪資	給料
物價	物価
智慧型手機	スマートフォン
地價	地価
炒房	不動産投資

台湾の給与は 20 年にわたり横ばい状態の一方、物価は上がり続けており、年の成長率は 2.7% 前後と低成長・デフレの時代を迎えています。さらに日本に劣らず少子高齢化が進む中、2018 年からの米中貿易戦争を含む世界経済の停滞にも影響を受け、今後も厳しい状況が続きそうです。

　行政院主計総処（総務省統計局に相当）が実施した「全国人力運用調査」によると、被雇用者の平均給与は 2018 年 5 月時点で 3 万 9,461 元（約 13 万 8,114 円）、このうち世代別で最も平均値が低いのは 15 ～ 24 歳で 2 万 9,405 元（約 10 万 2,918 円）、平均値が高い世代は 45 ～ 64 歳で 4 万 3,594 元（約 15 万 2,579 円）でした。最低月給は 23,100 元（約 8 万 850 円）、最低時給は 150 元です。

　ここで物価の参考にいくつか例を挙げましょう。バス 15 元、MRT15 元～、台北～高雄（左営）間　在来線 650 元～／台湾高速鉄道 1,490 元～。葉物野菜 1 束 10 元～、マンゴー 1 個 30 元、卵 1 パック 60 ～ 100 元、牛乳 70 ～ 100 元。スマートフォン通信料 500 ～ 1,000 元～／月。台北の賃貸物件（バストイレ付きワンルーム）1 万元～／月。

　平均給与から見て物価は決して安いといえず、特に不動産はここ 10 年で最も値上がりし、台北の地価は東京の 3 倍ほどに跳ね上がりました。しかし被雇用者の平均給与が上がらない一方、所得上位 5％の平均世帯年収を見ると、なんと 470 万元超（約 1,645 万円）と平均給与の 100 倍です。台湾の給料や物価は、ますます格差が拡大しています。

　台湾には株など財テクを楽しむ人や富裕層も多いのですが、富裕層の中には 80 年代のバブル期に株で大成功したり、また十数年来の不動産価格の高騰でもうけた人も少なくありません。そのせいか「金を作るには、まず金を使う」という考え方が広く浸透しており、それが個人投資家の多さにもつながっています。

日 之前常聽到 22K，最近變成 23K，這些字是什麼意思？

台 那是法定最低薪資。英文的千單位用「K」來表示，如果自己的薪水是 3 萬 5,000 元的話，就可以講成「35K」。

日 如果領 35K，不跟父母同住的話，生活費感覺會很拮据，可是大家意外地都過得頗優雅。就連一杯 100 元的星巴克，也常看到年輕人排隊去買，而且很愛出國旅行，大家都不存錢的嗎？

台 薪水不漲，只有物價和支出一直增加，當然儲蓄率會下降啊！比如 2016 年每戶的平均儲蓄額是 21 萬 6,300 元，相較於基本所得的儲蓄率是 21.78%，和以往高於 30% 的時代比起來，可以說是一路下滑。

日 我記得對台灣男性而言，買房是結婚的條件之一吧？不存錢不就一輩子都買不起嗎？

台 可是房價已經被炒到就算努力存錢，普通的上班族光靠領薪水也買不起的金額了。在這部分台灣人出現兩種傾向，一種是在不被公司開除的程度之內努力經營副業，或是創業賺大錢，想辦法買房；另一種是放棄買房，珍惜生活中平凡的小幸福。

日 也就是所謂的「小確幸」囉！

台 如果有願意讓渡房產或提供金錢援助的父母，那就幸運多了。在台灣，雙薪家庭的比例很高，只要放棄買房子，過得稍微節省一點，要買車、出國旅行或把錢花在興趣上都不是問題。在這種多元價值觀的時代，村上春樹提出的「小確幸」特別能讓台灣人引起共鳴，所以越來越多人選擇去追求自己的小確幸吧！

台湾人の貯蓄率は？

日 少し前は 22 K、最近は 23 K という言葉をよく聞くけど何ていう意味？

台 最低給与のこと。英語の「千」を「K」に置き換える表現が由来で、自分の給料が 3 万 5,000 元だったら「35 K」と言ったりもする。

日 もし 35 K なら、親元暮らしじゃなければ生活はカツカツになりそうなものなのに、みんな意外と優雅だよね。一杯 100 元するスタバにも若い人があふれてるし、海外旅行もよく行く。貯金とかはしないの？

台 お給料が上がらず、物価は上がって支出は増える一方なので、当然貯蓄率も下がってるよ。例えば 2016 年の平均貯蓄額は 1 世帯当たり 21 万 6,300 元で給与に対する貯蓄率は 21.78％、過去 30％だった時代からは下降の一途だね。

日 確か台湾人男性にとって持ち家は結婚の条件の一つだったよね。貯金しなかったら、永遠に買えないんじゃない？

台 貯金したところで、普通の会社員のお給料では到底買えない金額にまで不動産が高騰してしまったでしょう？　ここで台湾人は二つに分かれるの。会社はまあクビにならない程度に働き副業をバリバリするか、起業して大もうけするかして家を買う人。あるいは持ち家は諦めて、日々の小さな幸せを大切に生きる人。

日 いわゆる「小確幸（小さいけれど、確かな幸せ）」ってやつだね。

台 もし持ち家や金銭を譲渡してくれる親がいればラッキーなんだけどね。台湾では夫婦共働き率も高いから、不動産を諦めて日々上手に節約すれば、車や海外旅行、趣味を楽しむことはできる。そういう、さまざまな価値観が生まれる中で、村上春樹の「小確幸」は台湾人にとても共感できる言葉として受け止められたんだよね。それぞれの「小確幸」を求める人はますます増えるんじゃないかな。

㉘ 台湾で盛んな産業は？
台灣有什麼產業比較繁榮呢？

　　台灣是資本主義的經濟體，產業結構以中小企業為主，根據經濟部調查指出，2018 年台灣中小企業占全體企業的 97.7%，中小企業就業人數占 78.44%。其中高科技產業和服務業合計比例過半，農業在 GDP 中的比重只有 2%。

　　根據 2016 年的數據，台灣是全球第 22 大經濟體，長年以出口導向的政策為主，外匯存底排名世界第 4。國際貿易是台灣的經濟命脈，進出口最大宗的貿易夥伴是中國、日本和美國，其中日本是最大的進口國，約占總額的 17.6%。

　　電子業是台灣產業中的龍頭，也許很多人無意中用過台灣製造或代工的筆記型電腦或智慧型手機，例如宏碁（Acer）、華碩電腦（ASUS）、鴻海、宏達電（HTC）、趨勢科技、研華科技都是知名的廠牌。其中鴻海併購日本老牌夏普（SHARP），更一度在國際上蔚為話題。

　　再列舉一些，比如腳踏車製造商「捷安特」及「美利達」，食品集團「義美食品」、「85℃」……等，也是名列前茅的台灣知名廠牌。以出口數額排名來計算的話，中小企業主導的窗簾、潛水衣、夾娃娃機、紙尿布、精密醫療器材、齒輪箱、環保泡棉、海陸空綜合物流……等方面，也相當具有國際競爭力。

　　此外，「統一企業」是台灣數一數二以食品為主的綜合企業，擁有許多知名國際品牌在台灣的經營權，其中包括 7–Eleven、星巴克咖啡、Mister Donut……等；此外還擁有康是美藥妝店、黑貓宅急便、博客來網路書店等跨行業的品牌，其中博客來是台灣圖書市場銷售規模最大的電商平台。

　　不過有趣的是，除了電子科技業以外，大多行業都不是以大公司為絕對優勢，所以在求職市場上，參考企業排名挑選應徵公司的新鮮人並不多。

電子業	電子產業
龍頭	牽引的な存在、先頭に立つもの
鴻海	フォックスコン。テリー・ゴウ率いるテクノロジー企業グループ。シャープの買収で知られる
數一數二	一二に数えられる、指折りの
藥妝店	ドラッグストア

台湾は資本主義経済です。産業構造は主に中小企業で、経済部の調査によると、2018年の台湾における中小企業の割合は全体の97.7％、中小企業の就業人口は78.44％を占めました。そのうち、ハイテク産業とサービス産業の合計が半分以上で、GDPにおける農業の割合はわずか２％です。

　2016年のデータによると、台湾の経済規模は世界22位で、長年にわたり輸出志向の政策が取られています。外貨準備高は世界４位にランクされています。国際貿易は台湾経済の命綱であり、輸出入の最大貿易相手は中国、日本、アメリカです。そのうち日本は最大の輸入国であり、全体の約17.6％を占めています。

　電子産業は台湾トップの産業です。多くの人々が知らず知らずのうちに台湾製またはOEMのノートパソコンやスマートフォンを使ったことがあるかもしれません。例えば、Acer、ASUS、フォックスコン、HTC、トレンドマイクロ、アドバンテックなどは有名メーカーです。そのうち、フォックスコンは、日本の老舗メーカーシャープを買収し、国際的に話題になりました。

　もう少し挙げると、例えば自転車メーカーの「ジャイアント」と「メリダ・インダストリー」、食品グループ「義美食品」、「85℃」も上位に数えられるブランドです。輸出額ランキングでいうなら、中小企業が牽引するカーテン、ウエットスーツ、UFOキャッチャー、紙おむつ、精密医療機器、ギアボックス、エコ発砲スチロール、陸海空総合物流などの分野も国際的にかなりの競争力があります。

　そのほか、「統一企業」は台湾で一二を争う食品を主とした総合企業です。セブン-イレブン、スターバックスコーヒー、ミスタードーナツなど、有名な国際ブランドの台湾経営権を所有しています。また、ドラッグストアのコスメド、黒猫宅急便、オンライン書店の「博客来」など、業種を超えたブランドも所有しています。中でも、博客来は台湾の書籍市場における最大のeコマースプラットフォームとなっています。

　しかし興味深いのは、電子技術産業を除き、ほとんどの業種で大企業が絶対的優位になっていないことです。ですから求職市場では、企業ランキングを参考に企業を選択する新人は多くありません。

日 一般的退休年齡是幾歲？

台 一般來說是 65 歲。

日 65 歲以下也可以退休嗎？

台 如果在同一個公司工作滿一定的年限，即使未滿 65 歲，也有自行申請退休的機會，並且可以合法領到退休金和老人年金。

日 你剛說有退休金，這是人人都有的嗎？

台 公務員以外的一般勞工，每個月會從薪水扣掉「勞工保險金」和「勞工退休金」，部分是雇主支付、部分是自付額，這兩種都會提撥為退休後的年金。如果沒有受雇於公司的自由業，就要另外自行投保「國民年金」。

日 除了這幾項，還有每個月固定要扣的錢嗎？

台 還有一個「全民健康保險」，這也是雇主必須負擔一部分，依照薪資比例決定每個月付多少。其實健保繳得比較有感覺，隨時要去醫院或使用到醫療資源都很方便，勞保和勞退是為了退休之後的生活著想。

日 有保有安心吧？

台 這也難講，因為不確定高齡少子化會不會更加惡化，勞保局有可能在自己退休之前就破產。而且政策每到選舉的季節就會有變數，實際上能領到多少錢，沒人有把握，只能祈禱政府用心經營年金政策。

定年は何歳？

日 普通定年するのは何歳？

台 基本的には 65 歳だよ。

日 65 歳以下でもリタイアできるの？

台 もし同じ会社で一定の期間以上働いたら、たとえ満 65 歳未満でも、自主的に退職できる機会があるし、合法的に退職金と年金を受け取ることができるよ。

日 その退職金って、みんなあるの？

台 公務員以外の会社員は、毎月お給料から「労工保険金」と「労工退職金」が差し引かれて、一部は雇用主、一部は自己負担で、その 2 種類の積立が定年後の年金になるんだよ。会社に雇用されてないフリーランスは、個人で「国民年金」に加入するの。

日 そうした項目以外に、毎月固定で差し引かれるお金はある？

台 あとは「全民健康保険」だね。これも雇用主が必ず一部負担すべきもので、お給料に合わせた比率で毎月いくら払うか決まるの。実際、健康保険は支払ってる実感があるよね。いつ病院にかかって医療を受けても便利。「労保」と「労退」は退職後の生活のためだね。

日 保険があれば安心だよね。

台 それはなんとも言えないな。だって少子高齢化がもっと深刻になるか分からないし、「労保局」が定年する前に破綻するかもしれない。それに政策は選挙シーズンのたびに変わるから、実際いくらもらえるのか、誰も分からないよ。ただ政府が心を込めて年金政策を運用してくれるよう、祈るしかないね。

29 転職は簡単？
換工作很簡單嗎？

　　有人說「第二個工作才做得長久」、「三十歲之前最好換過三個工作」，也有人說「大小公司都待過最有幫助」，沒有如同日本的終生僱用制，加薪升遷要靠自己，如何給職業生涯加分是很重要的課題。

　　公司徵才是看學歷、經驗和能力，只收應屆畢業生的公司相當少見，求職市場偏向美式的實力主義。台灣沒有固定期間的「就職活動」，求職是在大學畢業之後各自進行，因此第一份工作通常是暖身之用，不少人在充分認識職場之後就換工作；有些公司會認為花資源培養新人不划算，好不容易培養出來就去別的公司了，所以只錄取有兩年以上工作經驗的人。換工作這件事本身，對企業方而言不僅沒有負面的印象，還可以證明個人的實力，只是要注意每間公司任職的時間不能待太短，短到不構成「經驗」的話，沒有加分的效果。如果經驗累積到一定的程度，跳槽的條件又不夠好，創業成立公司或自由接案也是最近的熱門選項。

　　換工作是一條路，暫時不工作也是一條路。近年「打工渡假」盛行，許多人在出社會一段時間之後，需要想停下來思考一下，拿打工渡假簽證出國一年，旅遊、存錢或找自己。剛好申請的年齡上限多為三十歲前後，人生還有機會和體力轉換跑道，充好電之後再回來走下一段路。目前全世界有 17 個國家提供簽證，其中以無申請人數上限的澳洲，以及每年開放 5,000 人的日本最受歡迎。

　　當然也有很多人嚮往穩定的工作和退休後的優渥保障，報考錄取率相當低的國家考試，擔任各個機構的國家公務員。另外，國中小和公立高中的教師也屬於公職，除了部分約聘教師以外，要經過教師甄試，取得教師證才有任教的資格。

加薪	昇給（する）
升遷	栄転する
跳槽	転職する
熱門	人気がある、売れ筋の
打工度假	ワーキング・ホリデー

「２番目の仕事こそ長く続く」、「30歳までに３回仕事を変えた方がいい」と言う人もいれば、「大企業と中小企業、どちらも経験するのが最も役に立つ」と言う人もいます。日本のような終身雇用制度がなく、昇給や昇格は自分次第ですので、どうやってキャリアアップしていくかがとても重要な課題なのです。

企業の採用では学歴、経験、能力が重視され、新卒者だけを受け入れる会社は非常にまれであり、就活市場はアメリカ寄りの実力主義といえます。台湾には決まった「就職活動」の時期はなく、大学卒業後に各自就職活動を始めます。ですから、一般的に最初の仕事は準備運動のようなもので、それなりに職場を理解した後は、転職する人が少なくありません。一部の企業は、新人を育成するのに費用をかけるのは費用対効果が低いと考えています。やっとのことで育て上げても、すぐ別の会社に行ってしまうので、２年以上の実務経験がある人だけを採用するのです。転職そのもの自体は、企業側にマイナスイメージを与えないばかりか、その人の実力も証明できます。ただ各企業での在職期間が短すぎてもいけないので注意を払う必要があります。「経験」を積めないほど短いと、プラスには作用しません。もしある程度のキャリアが蓄積され、転職先の条件が十分でなければ、会社を立ち上げたり、フリーランスになるのも、昨今人気がある選択肢です。

転職は選択肢の一つで、一時的に仕事をしない選択もあります。近年は「ワーキング・ホリデー」がブームになっています。多くの人が社会に出てしばらく経つと、立ち止まって考えることが必要になり、ワーホリビザで１年海外へ行き、旅行したり、お金を貯めたり、自分探しをしたりします。それに申請の年齢制限は30歳前後が多く、まだ人生を方向転換する機会と体力があるため、充電して帰ってきたら、また次の道に進みます。現在、ビザを提供する国は世界17カ国で、そのうちオーストラリアは申請者数の上限はありません。また年間5,000人を受け入れる日本は最も人気が高いです。

もちろん、安定した仕事と退職後の手厚い保障を望む人も大勢いて、採用合格率が非常に低い国家試験に合格し、各機関の国家公務員となります。このほか、小中学校および公立高校の教員も公職に属します。一部の契約教員以外、教員試験に合格し、教員資格を得て初めて教える資格が得られます。

真的會在公司午睡嗎？

日 為什麼台灣人有午睡的習慣？

台 台灣從幼稚園到高中都有午睡時間，午餐之後強制午睡半個小時，就算睡不著也要趴著休息。很多人養成午睡的習慣，出社會之後也會小睡一下，好像能提升記憶力和專注力。聽說很多亞熱帶的國家有午睡的文化。

日 我還很好奇服裝的規定，街上穿西裝的上班族跟日本比起來少很多。

台 的確，天氣熱應該也是原因之一。除了某些規定穿西裝或制服的行業，一般上班族的服裝都很輕便，只要整齊清潔，不要太邋遢就好。

日 不會在意別人的眼光嗎？

台 大家都這樣，反而不突兀。而且跟日本人比起來，大部分的人不太在意別人怎麼看，自己的感受比較重要，也懶得管有沒有人不合群，所以在服裝上的同儕壓力比較少吧！

日 女生也是嗎？

台 日本不是有「女性化妝是禮貌」的說法嗎？可以理解日本追求完美的態度，但說這種話的人來到台灣可能會傻眼，因為不少人上班不化妝，理由是「大家都在工作，沒有人會看我」。習慣化妝的人就化，懶得化妝就素顏，真的沒人會有意見，講好聽是自由，其實有點隨便啦！

本当に会社でお昼寝するの？

日 どうして台湾人にはお昼寝の習慣があるのかな？

台 台湾では、幼稚園から高校まで、ずっと昼寝の時間があるんだよ。昼食の後は、強制的に 30 分昼寝させられて、たとえ眠れなくてもうつ伏せになって休むの。だいたい昼寝の習慣が養われてるから、社会に出てもちょっと眠るんだよね。記憶力や集中力がアップするらしいよ。亜熱帯の国は昼寝の文化がある国が多いみたい。

日 あと面白いのは服装コード。街中でスーツを着てる会社員は、日本と比べると少ないね。

台 確かにね。気候が暑いのも理由の一つだろうね。スーツや制服を着るっていう何らかの規則がある業種以外、普通の会社員の服装は自由だよ。清潔でだらしなくなければいいの。

日 人の目は気にならない？

台 みんなそうだもん。かえって目立たないよ。それに日本人と比べると、ほとんどが人の目はあまり気にしてなくて、自分の気持ちの方が大事なの。みんなに溶け込んでないとか口出しするのも面倒だし、服装の同調圧力は割と少ないんじゃないかな。

日 女性もそう？

台 日本には「女性の化粧はエチケット」っていう言葉があるじゃない？
日本の完璧を求める姿勢は理解できるけど、そういうことを口にする人が台湾に来たらびっくりするだろうね。仕事中、化粧したくない人は多いし、その理由が「みんな仕事してて、自分を見てる人なんていない」だからね。化粧が習慣の人はするし、面倒くさい人はすっぴんで、それに文句言う人も本当にいないの。いい言い方をすれば自由で、実際は少し適当ってとこ。

30 青と緑って何を指すの？
藍、綠是指什麼?

　　台灣的兩大政黨是中國國民黨和民主進步黨,簡稱為「國民黨」和「民進黨」,黨旗的顏色是藍色和綠色,所以民眾也習慣以藍、綠代稱。國民黨在戰後長期擔任執政黨,民進黨是解嚴之後才成立的政黨,90 年代民主化之後,始終處於對立的狀態。目前兩黨最大的不同之處是面對中國大陸的政策,國民黨與中國的連結比較緊密,而民進黨則是相反的。

　　在台灣,總統、縣市首長、立法委員（相當於國會議員）都採取直接投票給候選人的方式。總統和副總統候選人必須兩人一組登記參選,政黨不必相同,比如 2020 年參選的 3 組之中,有 2 組的副總統人選是無黨籍。

　　2020 年有選舉權的人數是 1,931 萬人,佔總人口的四分之三。各地按歷史背景、職業或人口組成的不同,選民的藍綠比例也有差異。一般會用深淺來形容支持率,例如「深藍」是忠實的國民黨支持者,而「深綠」是忠實的民進黨支持者;其他小型政黨也會分為「泛藍陣營」或「泛綠陣營」,維持兩大政治勢力的平衡。用台灣地圖來看的話,大致會出現「北藍南綠」的現象,外省人及公務員比例高的北部是泛藍,本省人居多的南部泛綠,中部最多中間選民。

　　依據中央選舉委員會統計,中間選民的數量超過 800 萬人,足以影響選情,因此滿足民意變得很重要。從 1996 年第一次總統大選以來,民選過六任的總統,執政黨已經和平輪替三次,主導權漸漸交到人民的手上。如果政府的施政方向有違民意,民眾有能力用投票把機會讓給反方陣營。

候選人	候補者
參選	選挙に参加する
選民	有権者
選情	選挙の状況

台湾の二大政党は、中国国民党と民主進歩党です。略して「国民党」と「民進党」と呼ばれます。党の旗の色が青と緑なので、皆それを別称として呼ぶようになりました。国民党は戦後長期にわたる与党で、民進党は戒厳令の解除後に設立された政党です。1990 年代の民主化後は、常に対立的な状態にあります。現在の両党の最大の違いは、中国への政策で、国民党は中国との結び付きが比較的密接なのに対し、民進党はその逆です。

　台湾では、総統、県長・市長、立法委員（国会議員に相当）は、すべての候補者に直接投票するスタイルです。総統と副総統の候補者は必ずペアで届出する必要があり、政党は同じである必要はありません。例えば、2020 年の選挙に出馬した 3 組の候補者のうち 2 組の副総統候補は無所属でした。

　2020 年に選挙権のある人は約 1,931 万人で、総人口の 4 分の 3 を占めています。各地の歴史的背景、職業、また人口構成により、有権者の青と緑の比率は地域によって異なります。一般的に濃淡で支持率を表し、例えば「ダークブルー」は熱心な国民党支持者で、「ダークグリーン」は熱心な民進党支持者です。ほかの小さな政党も、「青陣営」または「緑陣営」に分類され、二大政治勢力のバランスを維持しています。台湾の地図を見ると、大体「北青南緑」という現象が顕著です。外省人と公務員の割合が高い北部は青、本省人が多数を占める南部は緑、中部は中立有権者が大多数です。

　中央選挙委員会の統計によると、中立の投票者数は 800 万人を超えており、戦局に影響を与えるに足るため、世論を満足させることが重要になってきます。1996 年の最初の総統選挙以来、6 度総統が選出されました。与党はすでに平和的に 3 度交代し、主導権は徐々に民衆の手に渡りました。もし、政府の政策の方向性が民意と違ったら、民衆は投票で反対陣営に味方するチャンスを与える力があります。

幾歲開始可以參與選舉和投票？

日 幾歲可以參加投票？

台 除了公投是 18 歲，其他都是 20 歲喔！只要有中華民國的護照或身分證，戶籍地設在台灣滿 4 個月就有投票權，但是投總統大選要滿 6 個月。

日 公投是什麼？

台 就是檢視民意的公民投票，例如 2018 年就辦過「是否贊成以民法保障同性婚姻」的公投，當時反對票過半，所以後來同性婚姻是使用專法。

日 原來如此，那可以參選的年齡呢？

台 總統和副總統是 40 歲以上，縣市首長是 30 歲以上，其他則是 23 歲以上。

日 投票的時間多長？

台 只有一天！通常是早上 8 點到下午 4 點，一定要按照自己的戶籍地去指定的投票所，沒有海外投票，也不能跨地區，更沒有事前投票。所以選舉前後的機票會很貴，不少住在海外的僑民會特地回來投票。

日 這麼麻煩？不會很多人懶得回老家，或是工作太忙碌就不去投票嗎？

台 沒空返鄉的 20 到 30 歲青年的確投票率偏低，始終在 50 到 60% 上下，但是選情戰況很激烈的話，返鄉青年就會增加，比如某年總統大選的總投票率超過 82%，青年層的投票率也突破 70%。

日 聽起來投票率不低耶！

台 這十年來平均投票率大多在 60 到 70% 上下，跟日本比起來也許算高，可是台灣人自認為投票率還不夠，有進步的空間。

何歳から選挙と投票に参加できるの？

🗾 何歳から投票できるの？

🏯 国民投票は 18 歳、それ以外は 20 歳だよ。中華民国のパスポートと身分証さえあれば、戸籍が台湾にある状態で満 4 カ月、総統選は 6 カ月を過ぎれば投票権が持てる。

🗾 国民投票って何？

🏯 民意を調査する国民投票のこと。例えば 2018 年には「民法で同性の婚姻を保障することに賛成するかどうか」の国民投票が行われたよね。当時、過半数が反対だったから、同性婚は特別法になったんだ。

🗾 なるほど。じゃあ立候補できる年齢は？

🏯 総統と副総統は 40 歳以上、県市長は 30 歳以上、その他は 23 歳以上だよ。

🗾 投票期間はどのくらい？

🏯 一日だけだよ！ 普通は午前 8 時から午後 4 時までで、必ず戸籍がある地域が指定した投票所に行かなくちゃいけないの。海外投票はないし、地域をまたぐことも、期日前投票もできない。だから、選挙前後の航空券はすごく高くなる。海外に住む多くの台湾人がわざわざ戻ってくるからね。

🗾 そんなに面倒なの？　地元に帰るのが面倒だったり、あるいは仕事が忙しくて投票に行かない人もたくさんいるんじゃない？

🏯 故郷に帰る時間がない 20 〜 30 歳の若者の投票率は確かに低めで常に 50 〜 60% 前後。でも戦局が激化すると、帰省する若者も増える。例えばある総統選のとき、投票率が 82% 超え、青年層の投票率も 70% を超えたんだよ。

🗾 そう聞くと、投票率は悪くないね。

🏯 この十年来、平均投票率はほぼ 60 〜 70%前後だから、日本と比べると高いかもね。でも台湾人は、投票率はまだ十分じゃなく、改善の余地があると思ってるよ。

㉛ 民主化をどう確立していったの？
台灣如何民主化的？

　　台灣民主化的過程有四大契機，分別是 1979 年的美麗島事件、1990 年的野百合學運、2000 年的首度政黨輪替以及 2013 年的太陽花學運。

　　美麗島事件發生在戒嚴期間，以美麗島雜誌社成員為主的非國民黨人士，在高雄發起遊行，呼籲政府恢復言論和表現的自由，然而這場遊行引來政府的鎮壓，激烈程度相當於二二八事件。美麗島為台灣追求民主的運動揭開序幕，許多民眾從此發現政治原來是可以參與的。

　　1990 年的野百合學運是戰後第一次大規模的學運，將近 6,000 名學生聚集在中正紀念堂（改名為自由廣場）和平靜坐，學生要求解散 40 年沒有變動過的國民大會以及其他民主化的訴求。學運的成功讓當時的總統同意解散國會，在 1992 年舉辦立法委員全面改選，此舉被視為台灣民主化的第一個里程碑。

　　而後 1996 年舉辦第一次總統大選，國民黨的李登輝連任，並成為第一任民選總統；2000 年由民進黨的陳水扁當選，首度實現和平的政黨輪替。民主機制因而正式上軌道。政黨輪替也讓民眾發現，自己才是政府的主人。

　　提到民主化絕對不能跳過「太陽花學運」。這是發生在 2013 年，反對執政黨企圖強行通過海峽兩岸服務貿易協定，由沒有政黨立場的學生團體發起佔領立法院的抗議行動。學生的兩大訴求是「退回服貿協定」和「回歸民主討論」，此運動，提醒政府不可以忽視民意，促使社會思考行使公民權的重要性，尤其是對政治冷感的年輕族群，同時也培養出藍綠以外的「第三勢力」政黨。

　　台灣用短短幾十年的時間，建立出得來不易的民主機制，但是在複雜的國際關係之下，隨時有可能失去自由，這使得民眾對政治的關注度居高不下。

遊行	デモ（する）
訴求	要求（する）、申し立てる
里程碑	道しるべ、歴史的な節目となった大事件
輪替	交代する

台湾の民主化のプロセスには、4度の大きな転機がありました。1979年の美麗島事件、1990年の三月学生運動、2000年の初めての政権交代、そして2013年のひまわり学生運動です。

　美麗島事件は戒厳令の時代に起こりました。美麗島雑誌社のメンバーを中心とする非国民党員が高雄でデモを始め、言論と表現の自由を取り戻すよう政府に呼びかけました。しかし、このデモは政府の弾圧を引き寄せ、その激しさは二・二八事件に匹敵するほどでした。美麗島（事件）は、台湾の民主主義追求の始まりであり、それ以来多くの人々が政治に関与できることを知りました。

　1990年の三月学生運動は、戦後初の大規模な学生運動でした。およそ6,000人の学生が中正紀念堂（自由広場に改名）に集まり、平和的で静かな座り込みで、学生たちは40年間変わらない国民大会の解散およびその他民主化を要求しました。学生運動の成功により、当時の総統は国会を解散し、1992年に立法委員の全面的な改選を行うことになりました。これは台湾民主化の最初の道しるべと見なされています。

　その後、1996年に初代総統選挙が行われ、国民党の李登輝が再選、直接選挙で選出された初代総統になりました。2000年には、民進党の陳水扁が選出され、初めて平和的な政権交代が実現しました。民主的なメカニズムが正式に軌道に乗ったといえます。政権の交代により、民衆は皆自分たちこそ政府の主であることに気付きました。

　民主化を語る上で避けて通れないのが、「ひまわり学生運動」です。これは2013年に起こった、与党が海峡両岸サービス貿易協定を強制的に通過させようとしたことに反対し、政党的立場がない学生団体が立法院を占拠した抗議運動です。学生の二大要求は、「海峡両岸サービス貿易協定の撤回」と「民主的な議論への回帰」です。この運動により、政府に世論を軽視しないことを提起し、特に政治に無関心だった若年層に対して、社会に市民権を行使することの重要性について考慮することを促すと同時に、青と緑以外の「第三勢力」の政党も立ち上がりました。

　台湾はわずか数十年で、民主的な仕組みを確立しました。しかし、複雑な国際関係の下、自由はいつ失われるかもしれません。それが、政治に対する関心度を高いままにさせています。

和親朋好友會討論政治嗎？

日 台灣人會公開討論政治嗎？

台 嗯，很愛。台灣人在這幾十年學到，民眾要發聲，政府才會為了民眾服務。與其說愛聊政治，不如說很多人覺得有監督政府的責任，所以會積極表示意見。但是意見不和的時候很容易吵架，先了解對方的政治傾向跟自己是否接近很重要。

日 傾向是指什麼？

台 大致上分成三種，泛藍、泛綠和沒興趣。搞清楚傾向就不會踩到地雷了。

日 我聽說台灣人對政治很敏感，踩到地雷的話怎麼辦？

台 真的踩到也只能道歉，然後各退一步了，政治傾向是很難被對方說服的。如果對方的傾向和自己類似，無論男女老少都還滿愛聊政治的。

日 跟家人也會嗎？

台 會啊！跟家人可能最常聊了，尤其是農曆過年，家人團聚的時候。不過世代之間的觀念落差很大，不免會演變成爭吵，這時候互相尊重很重要。

日 還有什麼要注意的嗎？

台 選舉投票日的前一天晚上 12 點之後到投票截止為止，必須停止任何方式的宣傳造勢，包括個人在社群網站上面的發言，連在 LINE 上面跟朋友討論都有可能會違法，要小心喔！

家族や友達と政治を語る？

日 台湾人は大っぴらに政治について話す？

台 うん、好きだよ。台湾人はこの数十年で、声を上げてこそ政府は市民のために動いてくれると学んだんだ。政治について話すのが好きというより、むしろ政府を監督する責任を感じてるから、積極的に意見を言う人が多い。でも意見が合わないとすぐけんかになっちゃうから、先に相手の「政治傾向」が自分に近いかどうか知るのが大切。

日 傾向って何を指すの？

台 基本的に青と緑、それから関心がないかの３種類に分かれるの。傾向を知っておけば、地雷を踏まないからね。

日 台湾人にとって政治はデリケートだって聞いたけど、もし地雷を踏んじゃったらどうしよう？

台 本当に踏んじゃったら、謝るしかないね。政治的傾向を相手に納得させるのは難しい。もし相手の傾向が自分に似ているなら、老若男女、政治的な話は大好きだよ。

日 家族とも？

台 うん。家族とは一番話すんじゃないかな。特に旧正月に家族が集まったとき。でもジェネレーションギャップも大きいから、けんかになっちゃうことも免れない。そういう時はお互い尊重することが大事だね。

日 あと気を付けることはある？

台 選挙の投票日の前日、夜中の 12 時以降から投票が終わるまでは、すべての宣伝活動をやめなくちゃいけないの。プライベートの SNS の投稿も含めてね。LINE 上で友達と議論するのも違法だから、気を付けてね！

32 「チャイニーズ・タイペイ」って どういう意味？

「中華台北」是什麼意思？

　　「中華台北（Chinese Taipei）」這個字很眼熟吧？乍看之下應該會一頭霧水，其實這是台灣在奧林匹克運動會等國際賽事上的代稱，此名義充分表現出台灣在國際上的曖昧定位。1971 年，中華民國退出聯合國，產生跟中國之間的國際認同問題，導致只能用國際奧委會認證的「中華台北」代表團名義參賽。後來在亞太經濟合作組織（APEC）或世界衛生大會（WHA）等國際活動，經常引用「奧會模式」以中華台北的名義參加，實質上就是難以正名的台灣代表。

　　退出聯合國之後的影響不只在運動賽事上，斷交效應也如滾雪球般越來越大，日本也在 1972 年順勢宣布斷交。根據外交部公布的數字，全球 196 國之中有正式邦交的國家只剩 15 個（2019 年 11 月現在），這些邦交國大多位於中南美洲、大洋洲或加勒比海地區。

　　不過台灣的「軟實力」堅強，民間文化交流從不間斷，觀光客出國很少有犯罪和偷渡的行為，因此就算邦交率極低，台灣仍然擁有 146 個免簽證國家或地區，排名全球第 32 名。曾被公認是全世界最好用的日本護照，則是有 191 個免簽證國。另外，沒有邦交的國家大多會成立等同領事館功能的準官方機構，處理商務、通航、文化、觀光等事宜，例如在日本就有設立「臺北駐日經濟文化代表處」，日本則是在台灣設立「日本臺灣交流協會」，保持兩地的官方對等交流。

　　說到中國大陸，兩岸一直處於對立的狀態，自從 50 年代國民黨政府來台，基本上對彼此始終保持「各自表述」，對現狀的見解各有一套說辭，維持表面的平衡，但是每逢台灣有大型選舉就會關係緊張，台海的軍事危機從未解除過。

一頭霧水	呆然とする、物事の様子が分からないこと
賽事	勝負ごと、試合
斷交	断交
偷渡	密入出国する
邦交	国交

「チャイニーズ・タイペイ」という言葉はよくご存じですね？　一見混乱するでしょうが、実際これがオリンピックのような国際的な試合における台湾の別称です。この名称は、台湾が国際的に曖昧な立場であることをよく表しています。1971 年、中華民国（台湾）が国連から脱退し、中国との間に国際的な認識の問題が生じたことで、国際オリンピック委員会が認定した「チャイニーズ・タイペイ」代表団の名義でしか参加できなくなりました。その後、アジア太平洋経済協力（APEC）や世界保健総会（WHA）などの国際的なイベントで、「オリンピック方式」を踏襲し、チャイニーズ・タイペイ名義で参加しています。事実上、台湾の名称を名乗るのは難しいといえます。

国連脱退後の影響はスポーツイベントだけでなく、断交の波紋も雪だるま式に増え、1972 年、日本もその流れで断交を表明しました。外務省が発表した数字によると、世界 196 カ国のうち正式に国交がある国は 15 カ国（2019 年 11 月現在）しかありません。それらの国は中南米、オセアニアまたはカリブ海エリアがほとんどです。

しかし、台湾の「ソフトパワー」は強力です。民間の文化交流は絶えることがなく、また観光客は海外でめったに犯罪や密入国などの行為をしません。そのため、国交のある国の割合が非常に低くても、台湾は依然として 146 カ国・地域がビザ免除で、世界で 32 位にランキングされています。世界で最も有用と言われたこともある日本のパスポートは 191 カ国・地域がビザ免除です。そのほか、国交のないほとんどの国では、領事館の機能に相当する準政府機関を設置し、ビジネス、渡航、文化観光などの事務を処理をしています。例えば、日本には台湾が設立した「台北駐日経済文化代表処」、台湾には日本が設立した「日本台湾交流協会」があり、双方の公的機関が対等な交流を維持しています。

中国大陸といえば、海峡両岸は常に対立状態にあり、国民党政府が 1950 年代に台湾に来て以来、基本的にお互い「それぞれの言い分」を固持してきました。それぞれが現状に関する独自の意見を持ち、表面的なバランスを維持しています。しかし大きな選挙のたびに関係は緊迫し、台湾海峡の軍事危機は解除されたことがありません。

男性都要服兵役嗎？

日 台灣的男生都要服兵役嗎？

台 對，憲法規定人民有「納稅、服兵役、接受國民教育」的義務，服兵役是台灣男性在人生中必經的一條路，只要一群男生談起當兵經，無論年齡相差多少都會聊到欲罷不能。

日 通常幾歲以上就要去當兵啊？

台 18 歲到 36 歲。年滿 18 歲以上的男性，在完成個人學業並決定不繼續升學之後，馬上就會自動收到徵兵單，經過健康檢查，只要是合格體位就必須當兵。

日 那麼要去哪裡當兵？

台 有特殊專長的「替代役」會去公家機關、學校或國外的領事館服務，一般役是用抽籤決定派駐的軍營，接受軍事訓練。聽說抽到離島的人很慘，長期無法返鄉。如果在當兵期間被女朋友甩掉，這種狀況被稱為「兵變」，也就是「當兵當到女朋友變心」的意思。

日 久到會被分手嗎？通常是多久呢？

台 以前曾經長達 3 年，現在除了部份特別的狀況幾乎都是 4 個月。目前政府想將徵兵制漸漸改為募兵制，2018 年已開始採用募徵併行，以後兵變的狀況會越來越少見吧！

男の人は全員兵役に就くの？

日 台湾の男の人は全員兵役に就くの？

台 そうだよ。憲法で「税を納める、兵役に就く、国民教育を受ける」義務が定められてるからね。兵役は台湾人男性が人生で必ず通らなければならない道で、男の人が兵役について話し始めたら、どんなに年齢差があっても話が止まらない。

日 普通は何歳以上で兵役に就くの？

台 18歳から36歳。満18歳以上の男性は、学業を終えてこれ以上進学しないと決めるとすぐ、自動的に徴兵召集が送られてくるの。健康診断を経て、身体的に合格すれば徴兵に行かないといけないんだ。

日 じゃあどこで兵役に就くの？

台 特殊技能を持つ「替代役」は公的機関、学校や海外の領事館に従事する。普通は、抽選で駐留する軍営を決めて、軍事訓練を受けるの。聞いたところでは、離島に当たった人はかわいそうで、長い間実家に帰れないんだって。もし兵役中に彼女にふられたら、「兵変」って言われるんだ。つまり「彼女の心が変わるまで兵役に就いた」という意味。

日 ふられるくらい長いの？　普通はどのくらい？

台 昔は3年、今は特殊な場合を除いてほとんどが4カ月だよ。現在政府は、徴兵制を募集制に変える方向で、2018年からすでに徴兵と募集採用と併用してるの。今後、兵役が理由で恋人にふられる状況はだんだん少なくなっていくだろうね。

　　「尾牙」是公司在年底慰勞員工一年辛勞的聚餐，跟日本的忘年會不太一樣，基本上是以公司為單位，參加者是公司員工和在工作上有接觸的廠商們。舉辦的時間從 12 月到農曆春節前，因為台灣主要是過農曆年，只要還沒到農曆的除夕夜都算是「年底」。

　　小公司的尾牙是簡單聚餐，交流一下感情；稍微有規模的公司會安排表演，經常是員工依部門分組，自行準備唱歌跳舞等節目，在尾牙那天上台表演。從表演節目的內容也可以一窺公司的規模，當年度賺很多錢的大企業會不惜重金，邀請平常在電視上才看得到的知名主持人和一線明星到尾牙來表演，甚至有公司直接請歌手在台北小巨蛋辦員工限定的演唱會，以前林志玲也曾經擔任鴻海的尾牙表演嘉賓。

　　除了表演節目以外，尾牙的重頭戲是「抽獎」。公司的老闆和主管要捐出現金或禮品給員工抽，有時候客戶的老闆也會加碼，用賓果遊戲或抽籤的方式，讓員工除了飽餐一頓之外，還能帶一些小禮物回家。抽獎禮品小至幾百元現金或吹風機、烤麵包機等實用的家電，大也可以大到很誇張，某些科技公司和建築公司的大獎包含國外旅遊機票、上百萬的現金，還有上市公司送股份給員工的例子。

　　過年前吃尾牙，過年後要吃「春酒」，這也是公司的例行事項。喝春酒不是喝春天的酒，是在春節辦酒席的意思。春酒的時間是農曆年的初一到十五之間，最常辦在初五開工當天晚上。喝春酒可以凝聚員工的向心力，在新的一年繼續努力。通常老闆在聚餐之後會發給員工紅包，目的是討個吉祥福氣。有些公司在年底業務太忙，沒有時間辦尾牙，那就會合併到春酒一起舉辦。

聚餐	会食（する）
嘉賓	ゲスト
抽獎	抽選（する）
主管	責任者、管理職
紅包	お年玉、祝儀、寸志

「尾牙（ウェイヤー）」は、会社が社員の一年の労を労うための会食で、日本の忘年会とは少し異なります。基本的には会社ごとで行ない、参加者は社員と仕事上付き合いのあるメーカーなどです。開催時期は 12 月から旧正月の前までです。台湾は主に旧正月で祝うため、旧正月の大晦日の前までは「年末」と見なされるのです。

　小さな会社の尾牙は、気持ちを交流させるシンプルな会食です。やや規模が大きな会社になると出し物を手配します。普通は社員が部署ごとに分かれて、歌を歌ったり踊ったり自分たちで準備した演目を、尾牙当日にステージ上で披露します。この演目の内容から会社の規模をうかがうこともできます。その年、多くの利益を出した企業なら大金を惜しまないでしょう。普段はテレビでしか見ることができない有名な司会者や第一線のスターを招待して公演させたり、さらには企業が歌手を台北アリーナに直接招待し、社員限定のコンサートを開催したりします。かつてはリン・チーリンもフォックスコンの尾牙のパフォーマンスゲストを担当したことがあります。

　パフォーマンスショー以外に、尾牙の主な目玉は「抽選」です。会社の社長や役員たちは現金や賞品を寄付して、社員にくじを引かせます。時には取引先の社長もそれにのっかり、ビンゴゲームやくじ引きという形で、社員に豪勢な食事以外にささやかなギフトを持ち帰らせます。抽選の賞品は、小さなものは数百元の現金やドライヤー、トースターなどの実用的な家電から、大きなものは呆れるほど大きなものまであります。某テクノロジー企業や建設会社の賞品には、海外旅行のエアチケット、数百万の現金、さらには上場企業の株を社員に贈るケースもあります。

　年越しの前に尾牙をし、年が明けると「春酒」をする、これは会社の慣例行事です。春酒を飲むというのは春の酒を飲むことではなく、旧正月の宴会を意味します。春酒の時期は旧暦の初日から 15 日までです。ほとんどの場合、仕事始めの 5 日の夜に行われます。春酒を飲みかわすことで、社員の求心力を強化し、新たな一年を引き続き頑張らせることができます。通常、会食後に社長は社員に、縁起がよくなるよう寸志を渡します。年末に忙しすぎて尾牙をする時間がない一部の企業は、春酒と一緒にすることもあります。

在髮廊洗頭時不會躺下嗎？

日 好想試試看台灣式的洗頭。

台 我大推！有機會一定要去試試看！比腳底按摩更有台灣特色！

日 是不是像電視上介紹的一樣都坐著洗啊？

台 其實要看店，有些店是坐著洗，有些是跟日本一樣躺著洗，有些可以自由選擇要坐或躺。

日 你推薦哪一種？

台 我自己喜歡坐著洗，因為洗的時候可以看雜誌或滑手機，不會浪費時間。

日 可是水不會流到眼睛裡嗎？光想像就很擔心。

台 其實不會耶！我也覺得很神奇，水完全不會流下來，可是洗得很仔細喔！而且在台灣的髮廊洗頭髮，頭皮按摩是基本配備，邊洗邊按摩頭上的穴道，不少人專程為了放鬆去洗頭髮。

日 這麼厲害？這樣要花多少錢？

台 單純洗頭、按摩、吹乾和簡單整理的話，大概是 200 到 400 元不等。可以按照個人喜好，另外加上潤髮、精油或做特殊造型等加值服務，說實話真的很划算。

美容院では仰向けにならずにシャンプーするの？

日 台湾式のシャンプー、すっごくしてみたい。

台 全力で勧めるよ！　機会があったら絶対やってみて！　足裏マッサージ
よりもっと台湾の特色が出てるから！

日 テレビで紹介してるのと同じく座って洗うの？

台 実際は店によるね。座ってシャンプーする店もあれば、日本と同じよう
に仰向けでシャンプーする店もあれば、どっちにするか自由に選べる店
もある。

日 お薦めは？

台 私は座って洗うのが好き。だってシャンプーしているとき、雑誌を見た
り携帯をいじったりできるから、時間が無駄にならないもん。

日 でも水が目に入ったりしない？　想像するだけでも心配。

台 しないんだよ！　私も不思議に思うんだけど、水は全然流れてこないの。
でも洗い方はすごく細やかだよ。台湾の美容院はシャンプーに頭皮マッ
サージもデフォルトで付いてるから、洗いながら頭のツボをマッサージ
してくれる。リラックスするためだけにシャンプーする人も多いくらい。

日 そんなにすごいんだ。そういうのは、いくら払うの？

台 単にシャンプーとマッサージ、簡単なヘアセットなら、だいたい200〜
400元くらい。お好みでトリートメントやアロマ、特殊な髪型にセット
してもらうなら追加料金だけど、実際本当にお得だよ。

34 どんな趣味が人気？
哪些休閒活動最受歡迎？

　　休閒興趣這種事因人而異，這裡挑選一部分介紹，敬請見諒。首先以日本為主的動漫作品，在台灣的年輕族群當中也有相當多的愛好者，有人收集模型，也有人進而對聲優感興趣，甚至買起與動畫無關的聲優朗讀 CD，專精的方向往多角延伸。

　　另外，比較大眾的休閒是享受美食。台灣是美食天國，外食產業相當興盛，不少人對食物很講究，把尋覓美食當作興趣。

　　然後在這幾年，相隔幾十年再度流行起露營、烤肉和登山健行等戶外活動。年齡不是問題，親朋好友不分年齡可以一同參與，走到郊外就有美景和新鮮空氣，許多人會趁週末到戶外踏青。

　　培養運動習慣的重要性日漸受到重視，喜愛運動的人口正在增加中。有些人會到健身房或社區運動中心報名瑜珈課、熱舞課程，也有強者每個月參加馬拉松大賽。

　　喜歡室內活動的人會報名「DIY」體驗型工作坊，學做肥皂、手工首飾或烹飪等才藝。

　　不管哪種都有一個共通點，那就是休閒活動之餘，很多人會把照片上傳到社群網站。某個台灣人把這種現象用出自村上春樹作品的「小確幸」一詞來形容，分享自己的日常生活有多充實，講直白一點就是想炫耀，什麼都要上傳給大家看。不過台灣人跟日本人比起來，更愛在社群網站上獲得資訊和交流情感，看的那一方也不太會對別人的分享有反感，善於利用社群當作吸收資訊的來源。

動漫	アニメーションとマンガの略称
踏青	ピクニックに行く、ピクニックする
報名	エントリーする、申し込む
瑜珈	ヨガ
社群網站	SNS

趣味はもう十人十色なので、その一部だけのご紹介となること、ご容赦ください。まず日本の作品をはじめとしたアニメ好きな人は、台湾にも若年層を中心に相当数います。フィギュアを集める人もいれば、声優への興味まで発展し、もはやアニメとは関係ない声優朗読のCDを買い求めるなど、究める方向性は多岐にわたります。

　そのほか、わりと多くの人に当てはまるのが美食の追求。台湾はグルメ天国で、外食産業も非常に発達していますので、食に強いこだわりがあったり、食べ歩きが趣味という人も少なくありません。

　それからここ数年、数十年ぶりに再びはやっているのが、キャンプやバーベキュー、ハイキングなどのアウトドアです。年齢を問わず家族とも友人とも楽しめますし、郊外へ足を延ばせば景色と空気のいい所はたくさんありますから、週末に野外へピクニックに出かける人も多いです。

　運動習慣を培うことの重要性が注目されるようになり、スポーツを楽しむ人も増えています。ジムや地域の運動センターでヨガやダンスのレッスンを申し込む人もいれば、毎月のようにマラソン大会に参加しているツワモノもいます。

　インドア派は、せっけん作り、アクセサリー作り、料理などDIYと呼ばれる体験型のレッスンを楽しむ人もいます。

　一つ共通していえるのは、そうした趣味を楽しむとき、SNSにアップする人がとても多いことです。ある台湾人は、この現象を村上春樹の「小確幸」という言葉を使って表現しました。日常生活を楽しんでいるという充実感をシェアしたい、もっとはっきり言えば見せびらかしたい、何でもアップしてみんなに見せたいという気持ちがそうさせるそうです。台湾人にとってSNSは、日本人以上に情報収集と交流が盛んな場なので、受け取る側もそうした投稿にも抵抗感が薄く、情報源として上手に活かしているのでしょう。

很愛出國旅行嗎？

日 好多人把旅遊當興趣喔！

台 真的，畢竟台灣很小，要去的地方都去過了，而且花費意外地不便宜。有些人認為既然多加一點費用就能去國外，出國旅遊的 CP 值比較高。

日 日本也已經不是有沒有去過的問題了，一大堆人都去過好幾次！

台 嗯，畢竟日本是最受歡迎的旅遊地點啊！地點近，食物合胃口，又可以開心購物。

日 說到購物，我很好奇為何很多人會在日本買成藥？常常有人託我買藥。

台 最主要是對日本製造的東西特別放心吧！而且在台灣販售的日本成藥，有些礙於藥事法的規定，成分不太一樣，所以才會覺得在日本買的比較特別。

日 不只是成藥，台灣人感覺對外國的文化不太抗拒呢！

台 電視上播很多日本、韓國、美國等地的戲劇和綜藝節目，而且很多人有在新加坡或馬來西亞的華僑親戚朋友，很習慣外國文化和旅遊了，所以接納度很高吧。

日 每年出國旅遊一次以上的人是不是數都數不清？這樣問很失禮，但是普遍薪水沒有很高，到底是怎麼辦到的？

台 滿多人有在做投資的，如果沒有賺外快的話，就是平常過得節省一點，把錢留給休閒生活。而且台灣有員工旅遊的文化，只要是有賺錢的公司，每年都會安排員工出國旅遊。

海外旅行が好きだよね？

日 旅行が趣味の人も多いよね。

台 確かにね。台湾は小さいから行き尽くしちゃってる感もあるし、費用は意外に安くない。ほんの少し費用を足して海外に行けるなら、コスパがいいと考える人もいる。

日 日本にも、行ったことがあるないではなくて、もはや何回というリピーターもたくさん！

台 うん、特に日本は一番人気がある旅行先だからね。近いし、食べ物も口に合うし、買い物も楽しい。

日 買い物といえば、なぜ日本で市販薬を買う人が多いのか不思議。薬、よく頼まれるんだよね。

台 まず日本の製品全般への信頼感があると思う。それに台湾で販売されている日本の薬は、薬事法の関係で成分が違うことがあるんだ。そうすると日本での市販薬にプレミア感が出るわけ。

日 薬も含めて、台湾人は海外の文化を受け入れるのに抵抗感がない感じ。

台 日本、韓国、アメリカのドラマやバラエティー番組はたくさん放送されているし、シンガポールやマレーシアの華僑が親戚や友達にいる人も多い。だから海外の文化や旅行はとても身近で、受け入れるポテンシャルも高いんじゃないかな。

日 海外旅行に一年一回以上行ってる人もざらでしょう？　失礼ながら一般的にお給料はあまり高くないのに、どうやってやりくりしてるんだろう？

台 財テクをしてる人も多いし、そうでなければ普段の生活を節約して、お金をレジャーにまわす。それから台湾には社員旅行の文化があって、順当に儲かってる会社なら、毎年社員旅行で海外に行けるんだよ。

第1章 ● 日常生活

第2章 ● 地理歴史

第3章 ● 現代社会

第4章 ● 文化芸術

第5章 ● その他

153

㉟ 消費税はある？
購物有消費稅嗎？

　　所謂的「消費稅」在台灣的正式名稱是「增值型營業稅」，目前是徵收 5%，內含在商品的售價之中，市面上看到的商品標價，除非特別標示「未稅價」，不然都是含稅的價錢。只有持外國護照的旅客，可以在特定機場免稅店或百貨公司辦理退稅。

　　台灣的服務業和日本一樣沒有收小費的習慣，在飯店或餐飲店不用像歐美地區付小費給服務生，有些地方甚至會明文規定服務生不能擅自收錢或收禮，但是經常可見消費者對店員或服務生說「謝謝」的場面，用口頭感謝對方提供的服務，上下公車或計程車時，會對司機道謝的人也不少。

　　雖然不用付小費，但是餐飲業有個不成文的「加收服務費」文化，那就是除了實際的費用之外，店家可以額外加收 10% 的服務費。路邊攤或平價的小吃店不太會收服務費，通常是咖啡廳或有服務生的餐廳才有，如果菜單或櫃檯有明示「本店加收一成服務費」的話，結帳時金額會自動多 10%。

　　觀光旅遊的時候，不少人會試著殺價，節省支出。台灣現在的店家大多數都不能殺價，只有傳統市場或觀光夜市的攤販，也許能問問「可以算便宜一點嗎？」

　　另外，在結帳時，台灣的店員會問「需要統編嗎？」。統編指的是「統一編號」，也就是公司的商業登記證號，有打上統編的發票才能當作公司成本支出，效力等於在日本索取「寫抬頭的收據」。如果這筆支出要報公款或報稅，一定要在結帳時請店家用收銀機打統編在發票上。統編無法在事後補打，所以店員在結帳之前一定會事先詢問。

小費	チップ
服務費	サービス料
攤販	屋台、露天商
統編	経費扱いの領収書に記載必須の事業登記番号のこと
收據	領収書。レシートは「發票」

いわゆる「消費税」は、台湾の正式な名称で「付加価値営業税」といいます。現在の税率は５％で、商品の販売価格に含まれています。市場で見る商品の値札に「税抜き」という表示がされてない限り、基本的には税込みの価格です。外国のパスポートを持つ旅行者のみ、特定の空港免税店や百貨店で税金払戻しの手続きができます。

　台湾のサービス業には、日本と同様、チップの習慣はありません。ホテルやレストランでは、ヨーロッパやアメリカのように従業員にチップを渡す必要はなく、それどころか、一部の場所では従業員が許可なくお金や物を受け取ることはできないと明文化されています。しかしながら、消費者が店員や従業員に「ありがとう」と、相手が提供してくれたサービスに口頭で感謝するシーンはよく見られます。バスやタクシーに乗り降りするときも、運転手にお礼を言う人は少なくありません。

　チップを支払う必要はありませんが、飲食産業には暗黙の「サービスチャージ」という文化があります。これは、店側が実際の消費額に10％のサービス料を加算することです。道端の屋台やリーズナブルな店でサービス料を加算することはあまりありませんが、通常はカフェや従業員がいるレストランでのみサービス料を加算します。メニューやカウンターに「本店は10％のサービス料を承ります」と明記されている場合は、会計時に自動的に10％加算されます。

　観光旅行をすると、支出の節約のために多くの人が値段交渉しようとします。台湾では現在、ほとんどの店で値段交渉はできません。伝統的な市場や観光夜市の露店でしか、「安くしてもらえますか？」と尋ねることはできないかもしれません。

　そのほか、台湾の店員は会計時に「統編は必要ですか？」と尋ねます。「統編」とは「統一編号」、つまり企業の事業登記番号を指します。統編が印字されたレシートだけが、会社の経費と見なすことができます。その効力は、日本で「宛名入りの領収書」を入手することと同等でしょう。もしこの支出を経費または税金として処理する場合は、会計時に必ず店舗のレジでレシートに統編を印字してもらうよう依頼する必要があります。統編は後で打ち込むことができないため、店員は会計時に必ず事前に尋ねます。

在餐廳是否能抽菸？

日 台灣的餐廳有分吸菸席和禁菸席嗎？

台 台灣規定室內全面禁菸，所以沒有吸菸席，全部都是禁菸席。

日 全部都禁菸嗎？居酒屋也是？想抽菸的人該怎麼辦？

台 對，基本上室內都不能抽，規定很嚴格，被查到會罰很重。想抽菸的人要自己走到外面。只有酒吧等少部分場所在禁菸令之外，加上許多居酒屋有半開放的空間，戶外的座位就算是吸菸席。

日 原來如此，那麼飯店也沒有吸菸房嗎？

台 對，以前有分，自從 2009 年頒布新的菸害防制法之後，自動都變成禁菸房了，而且法律規定飯店不可以提供顧客菸灰缸。

日 好嚴格喔！那只要是戶外就可以抽嗎？

台 戶外也有些地方不行，比如學校、遊樂園、圖書館等公共設施附近。戶外禁菸的地方通常會有標示，吸菸者必須多注意一下。

日 看來吸菸的人在台灣要很小心。

台 台灣跟日本對菸酒的社會觀感剛好相反，日本對酒精的規範很嚴格，台灣對抽菸比較嚴格，其實想一想滿有意思的。

レストランでタバコは吸っちゃだめ？

日 台湾のレストランは喫煙席と禁煙席に分かれてるの？

台 台湾では、室内は全面禁煙っていう決まりなんだ。だから喫煙席はなくて、全部禁煙席なの。

日 全部禁煙席なの？　居酒屋も？　タバコを吸いたい人はどうすればいいの？

台 そう、基本的に室内では吸えない。規定が厳しくて、ばれたら重い罰が科されるんだ。タバコを吸いたい人は外に出るしかないね。バーとかほんの一部の場所以外は禁煙で、居酒屋の多くは半分がオープンスペースになってるから、そこは喫煙席といえるかな。

日 なるほど。じゃあホテルも喫煙ルームはないの？

台 そうだよ。昔は区別されてたんだけど、2009 年に新たにタバコ煙害防止法が公布されてからは、自動的に禁煙ルームに変わったの。それにホテルは顧客に灰皿を提供してはいけないって、法律で定められてるんだよ。

日 厳しいね。じゃあ屋外でしか吸えないんだ？

台 屋外も場所によってはダメだよ。例えば学校、遊園地、図書館のような公共施設の近くはね。屋外の禁煙エリアには普通表示があるから、喫煙者は注意が必要だね。

日 スモーカーは台湾では気を付けた方がよさそう。

台 台湾と日本は、タバコと酒に対する印象がまるっきり反対。日本はアルコールに対しての法律が厳しいけど、台湾はタバコに対して厳しいんだ。考えてみると面白いね。

台湾人は宝くじが大好きなの？
台灣人很愛買彩券嗎？

　　台灣街頭經常可見鮮黃色的東西，滿街跑的黃色車子是計程車，因此計程車也簡稱為「小黃」；巷弄轉角隨處可見的黃色店鋪是「彩券行」，隨時可以買張彩券試試手氣。

　　黃色店鋪的「台灣彩券」是公益型彩券，收益會轉為國民健保和地方福利之用，而且唯有中低收入戶或單親家庭、身障人士、原住民……等弱勢族群才能提出當彩券批發商的申請，以利輔導自立維生。彩券有十幾個不同種類，人氣最高的莫過於固定對號開獎的「大樂透」和「威力彩」，頭獎曾高達新台幣30億元一人獨得，多少人都想用50元買個一夜致富的夢。

　　另外，還有針對運動賽事有專門的「台灣運彩」投注站。愛湊熱鬧的台灣人在熱門賽事進行時，有時會用投注的方式參與其中。其實台灣沒有合法的賭場，賭博是違法行為，政府委託金控主導的公益彩券，主要是為了抑止地下賭場的滋長。

　　還有一個更貼近台灣人日常生活的對獎活動，那就是「統一發票」。便利商店櫃檯上的捐款箱中，除了零錢以外還有看到發票吧？因為發票本身就是可以對獎的彩券喔！台灣外食文化興盛，許多小店攤販，以前政府為了導正逃漏稅的風氣，讓發票兼具彩券的功能，鼓勵民眾監督店家開發票。發票最上面那排號碼可以對獎，每兩個月公佈一次中獎號碼，除了少數幸運兒能得頭獎以外，中末幾碼也能換現金，最容易中的是末三碼的200元，而且到便利商店就能兌獎。大家都愛這種小確幸，平常好好收集發票，多少補貼點零用錢；懶得自己對發票的人，可以把發票捐出去做公益，積功德賺運氣。

計程車	タクシー
彩券行	くじ屋
手氣	運
大樂透	ビッグロト
威力彩	スーパーロト

台湾の街角では、よく鮮やかな黄色の物体を見かけます。どこの通りにも走っている黄色い車はタクシーで、そのためタクシーは「黄色ちゃん」とも呼ばれます。また、路地を曲がれば至る所に見られる黄色い店は「宝くじ売り場」です。いつでも宝くじを買って運を試せます。

黄色いお店の「台湾宝くじ」は、福祉型の宝くじです。収益は、国民健康保険と地元の社会福祉に使われます。低所得世帯、あるいは一人親家庭、身障者、原住民など社会的弱者に限り、自立のための支援を宝くじ業者に申請できます。宝くじには十数種類あり、最も人気があるのは特定の数字を当てる「ビッグロト」と「スーパーロト」です。一等は30億元に達したこともあります。たくさんの人々が、50元を払って一晩でお金持ちになる夢を買います。

また、スポーツイベント専門の「台湾スポーツ宝くじ」の売り場もあります。にぎやかなことが大好きな台湾人は、人気の試合があると時々賭けに参加します。実は台湾に合法的なカジノはなく、ギャンブルは違法です。政府が財政管理を委託している公益宝くじは、主に闇カジノの成長を抑制するものなのです。

また、台湾人の日常生活にさらに近い抽選制度、それが「統一レシート」です。コンビニカウンターの募金箱には、小銭のほかによくレシートも入っていますね。なぜならレシート自体が換金可能な宝くじだからです！　台湾は外食文化が盛んですが、かつて政府は小規模な店や屋台から脱税の風潮を正すため、レシートに宝くじの機能を持たせ、人々が店側を監視できるようレシート発行を奨励しました。レシートの一番上に並んだ番号が抽選番号で、2カ月に一度当選番号が発表されます。一握りの幸運な勝者以外にも、末尾の数桁が同じなら換金が可能です。一番当たりやすいのは末尾3桁当選の200元で、コンビニで換金ができます。皆このささやかな幸運を気に入っており、大抵レシートはきちんと保管して小遣いの足しにしています。当選番号と付け合わせするのが面倒な人は、公共の福祉のためにレシートを寄付し、徳を積んで運気を上げることもできます。

台灣也有打折季嗎？

日　台灣好多日系的百貨公司喔！

台　實際上台灣第一間百貨公司，就是日治時期日本企業蓋的。現在大部分的百貨公司也偏日系，樓層規劃仿照日本，地下是美食街、一樓是美妝、二三樓是女裝精品……。

日　難怪我進百貨公司沒有在海外的感覺！

台　台灣人逛百貨公司有去到日本的感覺。

日　那台灣也跟日本一樣有打折季嗎？

台　每年秋天的「週年慶」是最多打折的時候！每家百貨公司起跑的時間不一樣，大多是 9 到 11 月之間，平常價錢較高的商品，在週年慶季節都有很好的優惠，要買就趁這波。

日　化妝品和家電也有打折嗎？

台　有！而且滿額禮的品項也很豐富，第一天開店前往往會大排長龍。

日　有沒有攻略週年慶的訣竅？

台　每家百貨都會跟信用卡公司合作，每種卡的優惠和滿額禮都不同，刷卡會比現金付款划算很多，所以事先調查好優惠方案比較不會吃虧。

台湾にもバーゲンってあるの？

日 台湾ってたくさん日系の百貨店があるんだね。

台 実は台湾で一番最初にできた百貨店は、日本統治時代に日本企業が建てたものなんだよ。今も大部分の百貨店が、地下は美食街、一階は化粧品、2、3階は婦人服っていうように、フロアは日本にならってプランニングしてる。

日 だから百貨店に行くと、外国にいる感じがしないんだね！

台 台湾人は百貨店に行くと、日本に行った感じがするんだよ。

日 じゃあ台湾にも日本と同じようにセールシーズンってある？

台 毎年秋の「週年慶」は、割引が一番多い時だよ！　百貨店によって始まる時期は違うんだけど、だいたい9月から11月の間で、「週年慶」のシーズンは普段値段が高い商品がお得だから、この時期に乗じて買う。

日 化粧品や家電も割引されるの？

台 そうだよ！　それに特定の金額以上買うと特典もいろいろあるから、初日は開店前によく長い行列ができるよ。

日 週年慶攻略の秘訣はある？

台 どの百貨店もクレジットカードと提携していて、カードごとに優待や満額特典が違うんだ。カード払いは現金よりお得だから、まずキャンペーン内容を調べてからの方が損しないよ。

37 台湾人は SNS が大好き？
台灣人超愛社群網站嗎?

　　的確說台灣熱愛社群網站也不為過。本來親朋好友之間的關係就比日本密切，聯繫的次數也很頻繁，台灣社會自然比較容易接受比寫信和電話更方便的方式。

　　相同於日本，很多人善於活用不同的平台，其中最受歡迎的是 LINE 和 Facebook，只要有智慧型手機，不分男女老少幾乎都有辦帳號。

　　LINE 主要是用於聯絡，家人、朋友不用說，同時也是公司內外部最熱門的聯絡方式。上班族如果沒有 LINE 的帳號，幾乎有可能影響到工作；初次見面的人也會交換 LINE 代替名片，很多人綁定電話號碼，分享自己的帳號。

　　Facebook 的隱私性比 LINE 高一點，主要作為資訊平台，以及發表近況、分享文章的管道。有些人兼用於工作和私人用途，有些人刻意不加同事和客戶，加好友的原則因人而異。若要舉一個不同於日本之處，那就是很多人會幫自己的小孩架設粉絲頁吧。最妙的是，現在某些粉絲頁的人數多到跟線上藝人有得比。

　　當然 Instagram 也很有人氣，在台灣通稱為「IG」，以 10 ～ 30 歲的年輕族群為中心。Instagram 是以上傳照片為主，Facebook 是用於與親友分享訊息，擁有數個帳號、各自分成不同目的使用的人也不少。

　　台灣有「批踢踢」和「Dcard」等受歡迎的匿名揭示板網站，作為蒐集訊息、吐露真心話和抱怨的平台，發揮相當大的作用，因此同質性高的 Twitter，使用率始終不高。

平台	プラットフォーム
不分男女	男女問わず、男女の区別なく
隱私	プライバシー
管道	ルート
IG	Instagram の略称

確かに台湾は SNS が大好きだと言って間違いはないでしょう。元々、家族や友人同士との付き合いが日本より密接で、連絡も頻繁に取り合うことが多い台湾社会で、手紙や電話より便利なツールが受け入れられるのは、ごく当然なのかもしれません。

　日本と同様、それぞれのプラットホームに合わせて最大限に活用している人が多いのですが、中でも特に人気なのは LINE と Facebook。スマートフォン所持者ならほぼアカウントがあるというくらい老若男女が楽しんでいます。

　まず LINE は主に連絡用で、家族、友人はもちろん、社内、社外との最もポピュラーな連絡用ツールでもあります。会社員はもし LINE アカウントがなかったら、仕事に支障が出るのではないかと思われるほどです。初対面の人でも、名刺代わりに LINE アカウントを交換したり、LINE の設定も電話番号と連動して公開している人が多いです。

　Facebook は LINE と比べると若干プライベートな要素が強くなります。こちらは主に情報共有ツールとして使われており、近況を発信したりシェアしたりするのに使われています。仕事とプライベート両方で利用している人もいれば、同僚や取引先の人とはあえてつながらない人もいるので、スタンスはやはり人それぞれ。一つ日本と違う点を挙げれば、自分の子供のファンページを作る人が多いことでしょうか。今ではタレントなみにフォロワーがついているファンページもあるというから驚きです。

　もちろん Instagram も人気です。台湾では「IG」といわれ10～30代の若い世代が中心です。写真メインのものは Instagram、親しい人とシェアしたいメッセージは Facebook、複数の ID を持っていたり、各自それぞれの目的で使用する人も少なくありません。

　台湾には元々「批踢踢」と「Dcard」という人気の掲示板サイトがあり、情報の入手や、匿名での本音や愚痴を吐露するプラットフォームとして大きな役割を果たしています。そのため、類似した特徴を持つ Twitter は、それほど浸透していません。

朋友的朋友都算朋友？

日 我到前幾年都很訝異，偶爾會有不認識的台灣人來加我 Facebook 好友。

台 台灣很多人善於交際，剛開始似乎不少人把 Facebook 當成擴展人際關係的工具，不過最近反而很多人刻意不互加了。可能有不想被看到的文章，而且會強制顯示聯絡方式，不太熟的人變成先交換 LINE。

日 所以可以加到臉書就等於升格成朋友關係了嗎？

台 也要看人啦！工作上需要用到大量人脈的人，還是很積極用在拓展人際關係。

日 原來如此。我以為台灣人都把朋友的朋友也當作朋友。

台 不過的確有那種傾向，比如約別人吃飯，偶爾會帶不認識對方的朋友一起去。

日 咦，對方不會嚇到嗎？

台 不會，互相介紹一下就認識啦！而且增加人脈是好事吧？

友達の友達は皆オトモダチ？

日 数年前までは、知らない台湾人からたびたびFacebookの友達申請があって驚いたことがあるんだけど。

台 社交的な台湾人は多いから、開始当初は交際範囲を広げる人は多かったかも。でも最近は逆に、Facebookではやたらにつながらない人も多いよ。見られたくない投稿とかもあるし。連絡先は必要だけど、そこまで親しくない人はまずLINE登録から。

日 じゃあそのうちFacebookでつながったら友人昇格ってこと？

台 人によるけどね。広い人脈が仕事につながる人は、今も積極的に交際範囲を広げてるよ。

日 なるほど。台湾人は、友達の友達は皆オトモダチなのかと思ってた。

台 でもそういう面はあるかもしれない。例えば、誰かと一緒に食事の約束をしたとき、たまに相手が知らない自分の友達を連れていくこともある。

日 えっ、それって相手は驚かない？

台 大丈夫。紹介すればお互い知り合えるし、人脈が増えるのはいいことじゃない？

38 同性婚は合法なの？
同性婚姻是合法的嗎?

2019 年 5 月通過法案，同性婚姻在台灣正式合法化。相同性別的兩人可以登記結婚，享有法律保障的夫妻權利與義務，例如在重病時，另一方有權用配偶的身分簽醫療同意書；可以請有薪的婚假、共同報稅、申請保險；也可以合法繼承財產，或者收養對方的親生子女。

台灣社會對 LGBT 的態度跟鄰近的中國、日本和韓國比起來相對開放。路上常見到同性情侶牽手逛街，跟以前比起來，職場或朋友圈之中出櫃的難度變低，在社群網站上放合照也不太避諱。當然在不同群體間的接受程度有差距，社會中的歧視也沒有完全消失，但是許多音樂和戲劇作品有 LGBT 的設定，有影響力的名人主動呼籲放下歧視，因此年輕族群的偏見比起上一代減少很多，甚至對同志朋友抱持反感的人會被冠上「恐同症」的負面稱號。

但是台灣跟所有亞洲社會一樣很重視傳宗接代，即使對 LGBT 的態度變開放，論及婚姻還是有很大的爭議。許多長輩的態度是「我不討厭同志，但我的小孩不可以是」，所以在推動同性婚姻法案的時候，引起保守派的宗教團體和中老年族群很大的反對聲浪。當時的政府傾向承認同婚，又必須顧及擔心傳統家庭價值被動搖的世代，後來以民主的方式，在 2018 年的公投詢問民意，決定了同性婚姻的相關法案不得修改民法，改以專法的方式推動，算是雙方互退一步的結果。

婚假	結婚休暇
情侶	カップル
牽手	手を繋ぐ
出櫃	（性的指向について）カミングアウトする
爭議	口論する、言い争う

2019 年 5 月に可決された法案は、台湾の同性婚を正式に合法化しました。同じ性別の二人が婚姻手続きをして、法律が保障する夫婦の権利と義務を享受できるのです。例えば、重篤な病気の際、もう一方は配偶者の身分をもって医療同意書に署名する権利があります。夫婦名義で有給の結婚休暇も取れるし、共同で税金を納めたり、保険を申請することができます。また、合法的に財産を相続したり、相手の実子を養子にすることもできます。

　台湾社会は、近隣の中国、日本、韓国と比べ、LGBT に対する態度は比較的オープンです。手を繋いで街歩きをする同性カップルもよく見かけますし、昔と比べると職場や友人の間でカミングアウトするハードルは低くなり、SNS でツーショットを投稿することも、それほどタブーではありません。もちろん、それぞれのコミュニティーでは受け入れる程度にギャップがあり、社会における差別が完全に消えたわけではありません。しかし、多くの音楽やドラマ作品でLGBT の設定があり、影響力のある有名人が積極的に差別をやめるよう訴えかけています。そのため、若い世代は上の世代に比べて偏見が少ないどころか、同性愛者に反感を持つ人には「ホモフォビア」という否定的な呼び名が付くほどです。

　しかし、台湾はすべてのアジア社会と同様に代々血統を引き継ぐことを非常に重視しているため、たとえ LGBT に対する態度がオープンになっても、結婚に関しては多くの議論があります。多くの年長者の考え方は「同性愛者を嫌いはしないが、自分の子供だったら嫌だ」というものです。ですから、同性婚の法案を推し進めるにあたっては、保守的な宗教団体や中高年層から反対の声が大きくなりました。当時の政府は同性婚に賛成でしたが、伝統的な家族の価値観が揺らぐと懸念する世代にも配慮しなければなりません。その後民主的な方法をもって、2018 年の国民投票で民意を問いました。同性婚に関する法案では、民法を改正するのではなく、特別法という形で実施すると決定しました。つまり、双方が一歩ずつ譲歩した結果といえます。

台灣有沒有對 LGBT 的偏見？

日 我很好奇，同性伴侶登記結婚的時候，姓氏要跟誰姓？

台 台灣是夫婦別姓制，不用選耶！而且身分證上是以「配偶」標註結婚對象，沒有誰是「夫」誰是「妻」的問題，同性登記結婚並不會給行政手續添麻煩。

日 不用強制區分夫妻，的確比較符合婚姻平權的初衷。

台 不知道你有沒有發現，中文的人稱也沒有區分男女。第一人稱的「我」是男女兼用；第二人稱和第三人稱的「妳」或「她」，可以用部首顯示女性身分，但是發音和原本的一模一樣，這代表講中文的時候是沒有性別意識的。

日 真的耶！我還很好奇一點，日本電視上常有所謂的「男大姊藝人」，台灣對 LGBT 的態度比較開放，為什麼街上很少見到男大姊型的人？

台 是比例的問題吧，LGBT 當中 T 的數量本來就比較少，一般的男同志不見得在外表或言行比一般人來得女性化，我覺得可能是在日本男大姊藝人太活躍了。反觀，台灣電視上很少那種藝人，所以對 LGBT 的印象大多放 L 和 G 吧。

日 這樣喔！不過有時候會看到很中性的女生，幾乎分不出性別。

台 這就難講囉！有可能是同志朋友，也有可能只是喜歡中性的打扮，畢竟台灣人穿衣服是憑自己的喜好，單純喜歡短髮和褲裝的女生大有人在！

台湾には LGBT に対する偏見はある？

🗾 好奇心で聞くけど、同性のパートナーと婚姻の手続きをするとき、どちらの姓にするの？

🇹🇼 台湾は夫婦別姓だから、選ぶ必要ないよ。それに身分証には「配偶者」としてパートナーが記載されるから、誰が「夫」で誰が「妻」という問題もないの。同性婚の手続きは、行政的にも全然面倒じゃないんだよ。

🗾 強制的に夫と妻を区別をしないのは、確かに婚姻平等の基本だね。

🇹🇼 気付いてるかもしれないけど、中国語の人称も男女の区別がないんだよ。一人称の「我」は男女兼用だし、二人称と三人称の「妳」や「她」は、部首で女性を示すことはできるけど、発音は元々まったく同じ。これは中国語で話すときは性別を意識しないことを表してる。

🗾 本当だね！　あと興味があるのは、日本のテレビ番組でよくいる「おねえ芸人」。台湾は LGBT に対して開放的なのに、どうして街中でおねえタイプの人を見ることはあまりないのかな？

🇹🇼 比率の問題じゃない？　LGBT の中で、T（トランスジェンダー）の数は元々少ないでしょ。一般的なゲイが、外見や言動が一般人より女性化してるとは限らないし。私が思うに、日本ではおねえ芸人が活躍しすぎてるんじゃないかな。逆に台湾のテレビ番組ではそういう芸能人は少ないから、LGBT の印象といえば、大多数が L（レズビアン）と G（ゲイ）なんだよ。

🗾 そうか。でも時々中性的な女性を見ると、性別分かりづらいよね。

🇹🇼 それは難しいね。同性愛者かもしれないし、ただ中性的な格好が好きなだけかも。結局のところ台湾人は自分の好きなものを着るから、単純に短い髪とパンツが好きな人もたくさんいるからね！

39 彼氏が毎日送り迎えしてくれるの？
男朋友會每天為愛接送？

　　「男朋友會每天為愛接送？」答案只對了一半。騎機車接送心愛女友的男性在台灣非常多，而且騎機車接送，也是實質拉近距離的手段之一，不少男生是為了製造兩人獨處的時間，主動想載女生。對有這種想法的男生而言，配合女生上班地點和時間的接送，不完全算是犧牲自己的時間，也是有好處可圖的。

　　說到夾菜和倒酒，一般而言是由男生來做。尤其是倒酒，最好不要讓女生倒，這點要多注意。然後約會基本上是男生付錢，交往穩定之後，漸漸會有所改變，但是偶爾會見到旅費全由男方負擔的情侶。如果各自都來自外縣市，現居在都會區的情侶，有不少會選擇同居當作節省房租的方法，不過家事一定是分擔制。男性喜歡下廚的比例也不少，從日本女性的角度來看，可能會不由得羨慕大喊「這裡是天堂嗎？」，可見真的滿多會寵女友的男性。

　　台灣男性對女性的疼愛不僅止於情人，通常對母親也很貼心。平常在街上不難見到勾手走路的母子。慶祝母親節的盛況更是驚人，社群網站的河道會被祝福灌爆。因為會聽媽媽的話，跟女友意見不合的時候，大多數男性會選擇站在媽媽那邊。

　　此外，台灣人的相處方式，無論是情人、家人或朋友，與日本相較之下顯得親密，對工作中或在大眾交通工具上打電話的眼光也比日本寬鬆。整體氣氛易於通話連絡，所以次數也容易變多。一旦連絡的頻率變高，也就不會計較多花一點時間在另一半的身上。

　　再舉個日本人會很訝異的例子，那就是員工的家人會到公司辦公室來玩。理由千奇百怪，比如在附近有事順道來看看之類的，這在台灣是很常見的狀況。

載	乗せる
倒酒	お酒をつぐ
勾手	腕を組む
顯得	明らかに〜見える
千奇百怪	不思議である

「彼氏が毎日送り迎えしてくれるのか？」の答えは半分イエスです。大切な彼女をバイクで送り迎えする男性は台湾にたくさん存在します。バイクでの送り迎えとなると、物理的な距離を縮める手段の一つでもありますから、二人だけの時間を作るために積極的に乗せたがる男性も多いです。そういう男性にとっては、彼女の出勤場所と時間に合わせた送迎も、自分の時間を犠牲にするだけではない、メリットがある行為なわけですね。

ちなみに料理やお酒のサーブも、男性がしてくれることが一般的です。特にお酒のお酌を女性がするのは好まれないので注意が必要です。そしてデート代は男性持ちが基本。長く付き合えば、だんだんと変わっていくのでしょうが、中には旅行代もすべて彼氏持ちというカップルもいます。いずれも地方出身で都市部で暮らしているなら、家賃節約のために同居するカップルも少なくありませんが、家事は必ず分担制。男性が料理好きというケースも結構な割合でいたり、日本の女性からすると「ここは天国か！」と羨ましくて叫びたくなるくらい、女性のために尽くしてくれる男性が多いです。

台湾男性が女性に甲斐甲斐しく尽くすのは、彼女だけではありません。母親に対してもとても優しいです。普段から腕を組んで歩く親子の姿も珍しくないですし、それこそ母の日の盛り上がりぶりは相当で、SNSのタイムラインがお祝いメッセージで埋め尽くされるほどです。その分言うこともよく聞くので、彼女と意見が違った場合、ほとんどの男性が母親側に付くことを選ぶでしょう。

なお、台湾の人付き合いは、恋人、家族、友達にかかわらず、比較的密接です。仕事中や公共の交通機関内での通話が日本より寛容で、全体的に連絡しやすい雰囲気のため、連絡する回数も多くなりやすいのでしょう。このように連絡の頻度がわりと多いので、お互いのために多くの時間を割くことをいといません。

ちなみに日本人がわりと驚く例をまた挙げると、会社に社員の家族が遊びに来ること。近くで用事があったついでに寄ったりと理由はさまざまですが、台湾ではありふれた光景です。

為何人人有外國名字？

日 台灣好多人有本名以外的英文或日文名字，而且不只是綽號，在工作的場合也會用。

台 有些人甚至只有在家人和老家的朋友面前才會被叫本名喔！用別名的理由有很多，比如中文名字很難，不好叫，英文名字對外國人來說比較好記，使用上很方便。而且台灣有不少 ABC 和出國留學或旅遊的人，希望名字可以國際化一點。

日 那名字是怎麼取的？

台 有人是在學校的外語課上由老師決定的，不喜歡的話就自己另外取。有日本名字的人通常是日語學習者，其中不少人會借用喜歡的動漫主角的名稱，總之愛怎麼取都可以啦！

日 也就是自己可以決定要怎麼被稱呼囉。除了名字以外，男女朋友互稱「北鼻」的人好像也很常見。

台 對啊，這點也很國際化吧？而且改本名也不稀奇喔！

日 咦？戶籍上的本名嗎？好像有聽說過。

台 現在的法律規定一生最多可以改三次，很多台灣人在取名時是靠算命，如果遇上衰事連連，想要改變運勢的話，很多人會尋求改名。

外国名が多いのはなぜ？

日 台湾には、英語名や日本語名など本名以外の名前を持ってる人が多いよね。しかもただのニックネームじゃなくて、仕事での通称としても使ってる。

台 本名を呼ぶのは、家族と地元の友達だけって人もいるよ。理由はそれぞれあると思うんだけど、中国語の名前は難しかったり呼びづらかったりするでしょう？　それに比べて英語名は、外国人も含めて覚えやすいから便利なの。台湾には ABC も多いし、留学や海外旅行する人も多いから、名前が少しでもグローバルスタンダード化できればね。

日 そういう名前はどうやって決めるの？

台 学校の外国語の授業で先生が付けてくれる場合もあるし、それが気に入らなければ自分で付けてもいい。日本名を付ける人は、日本語を勉強してたり、中には好きなアニメの主人公の名前を付ける人も多い。つまり気に入ればなんでもありなんだよ。

日 自分が呼ばれたい名前を付けるってことだね。名前以外に、彼氏や彼女をお互い「ベイビー」って呼び合う人たちもよくいるよね。

台 そうそう、やっぱりグローバルスタンダード？　それに本名自体を変えることも珍しいことじゃないよ。

日 えっ、戸籍上の名前を？　そういえば聞いたことあるかも。

台 今の法律では一生に 3 回まで変えて OK。台湾では占いで名前を付けることが多いんだけど、何かよくないことが続いたりして運気を変えたいときに改名する人が多いんだ。

㊵ コンビニで何でもできるの？
便利商店無所不能？

　　台灣的便利商店數量年年增加，根據經濟部的統計，到 2019 年 5 月為止總計有 1 萬 1,105 間。換算起來平均每 2,211 人一間，人口比密度僅次於韓國，位居世界第 2 名。實際上在台灣主要的城市，特別是大台北地區，已經不是數百公尺就一家的程度了，直接開在隔壁的便利商店也不稀奇。

　　數量再多也能成立的理由，列舉如下：首先，便利商店成為許多費用的支付窗口。雖然有帳戶扣款的機制，很多台灣人不想遇到出錯或擅自扣款的狀況，無論水電費或信用卡繳款，通常會選擇在便利商店櫃台支付。便利商店可儲值電子現金和交通 IC 卡，當然也可以選用 LINE Pay 或「街口支付」等手機 APP 付款。

　　其他像是銀行的 ATM 和多功能複合機也設置在各店面，比如 7–Eleven 的 ibon、全家便利商店的 FamiPort 等，不同便利商店在功能上多少有差異，但是一台機器就能提供如購買台灣高鐵的車票、電影或演唱會的購票及取票、呼叫計程車等各種服務。

　　另外，便利商店少不了快遞的收取件、影印和傳真的服務，而且台灣的便利商店幾乎都會設置用餐休息區，吃飯、喝茶、大熱天來消暑一下，小額消費者也能使用這個公共座位區。此外，台灣人有用水壺裝熱水隨身攜帶的習慣，便利商店會放沖泡麵用的熱水機，不時可見民眾像加油一樣加熱水。總而言之，現在便利商店已全面深入日常生活當中，到了不可或缺的程度，每間便利商店都隨時可見到絡繹不絕的人潮。

　　台灣的便利商店依店鋪的數量，依序是 7–Eleven（5,459 間）、全家便利商店（3,394 間）、唯一純台資的萊爾富（1,350 間）、OK 便利商店（982 間）。

根據〜	〜によると
僅次〜	〜に次ぐ
扣款	引き落とす
繳款	支払う
快遞	宅配便、速達

台湾のコンビニは年々増加しており、経済部によると 2019 年 5 月の時点で計 1 万 1,105 店。これは 2,211 人当たり 1 店ある計算で、韓国に次ぎ世界第 2 位の人口比密度です。実際台湾の主要都市、特に台北や新北エリアともなると数百メートルに一軒どころか、隣り合わせに並ぶコンビニもあるほどです。

　これだけ多くても成り立つのは、以下の理由が挙げられます。まず、さまざまな料金の支払い窓口であること。銀行口座からの引き落としシステムもありますが、間違われたり勝手に引き落とされたくないという台湾人が多いため、水道電気の公共料金、クレジットカードの支払いはコンビニのレジでするのが一般的です。電子マネー、交通カードのチャージもできますし、もちろん LINE Pay、「JKOPAY」といったモバイル決済も可能です。

　そのほか、銀行の ATM はもちろん、多機能の端末機が各店舗に設置されています。例えばセブン - イレブンは ibon、ファミリーマートはファミポートと各コンビニごとに多少の差こそありますが、端末 1 台で台湾高速鉄道の切符、映画やコンサートなど各種チケット購入・発券、タクシーの手配など、さまざまなことができます。

　それから宅配便の発送・受取、コピー・ファクス利用はもちろん、台湾のほとんどのコンビニにはイートインスペースを完備しています。食事をしたり、お茶を飲んだり、暑い時には涼んだり……と少額の買い物で利用可能な公共スペースとなっています。また台湾人は白湯を水筒で持ち歩く習慣がありますが、コンビニにはカップ麺用の給湯器があるため、給油ならぬ給湯をする人も見かけます。いずれにしろ、現代においてコンビニを利用しない方が難しいほど日常生活に深く入り込んでいるため、どのコンビニも常に多くの人でにぎわっているのです。

　台湾のコンビニの店舗数が多い順からセブン - イレブン（5,459 店）、ファミリーマート（3,394 店）、唯一の台湾系ハイ・ライフ（1,350 店）、OK マート（982 店）です。

台灣的 ATM 不收手續費嗎？

日 聽說台灣的銀行 ATM，不是跨行就 24 小時都不用手續費。

台 我住在日本的時候很訝異，從機器中領自己的錢，憑什麼要收手續費。

日 我跟你驚嚇的點相反，跨行領錢只收 5 元手續費，匯款也只要 15 元，太便宜了！

台 而且不管用哪間銀行的 ATM 查詢餘額都不用錢。

日 日本最近使用現金的機會變少，漸漸被信用卡或電子錢包取代，台灣呢？

台 台灣也是政府在推行去現金化，狀況跟日本滿類似的，用手機付款的比例也在增加中。

日 用手機付款的人會綁定銀行帳戶還能理解，選擇用信用卡付款的人就有點好笑，因為拿現金去便利商店繳信用卡費用的人不少吧？前面都去現金化了，怎麼到最後一步前功盡棄呢？

台 台灣的信用卡很多優惠，不少人是衝著優惠去刷卡的。而且很多卡一年刷幾次就免年費，一人有四五張也不奇怪。以後手機付款或網路轉帳的優惠如果變得比信用卡還多的話，我想狀況就會改變。

台湾の ATM は手数料タダなの !?

日 台湾の銀行の ATM、自社銀行は 24 時間手数料かからないんだってね。

台 日本に住んでいたとき、自分のお金を機械から引き出すのに、どうして手数料がかかるのかと驚いたよ。

日 私は逆の意味で驚いた。別の銀行の端末でも手数料5元だし、振り込み手数料も 15 元とどちらも安い！

台 残高照会なら、どこの銀行の端末でも手数料無料だし。

日 日本では最近現金利用の機会が減って、クレジットカードや電子マネーに移行しているけど、台湾はどう？

台 台湾も政府がキャッシュレス化を進めているから、似たような状況だと思うよ。モバイル決済の比率も増えてる。

日 でも、モバイル決済で銀行口座からの引き落とし設定ならいいけど、クレジットカードでの支払いを選択した場合はちょっと面白い状況になってる。だって、そのカード払いをコンビニの窓口で現金払いする人も少なくないよね。途中までせっかくキャッシュレスなのに、最後の最後で現金化したら、それまでがすっかり無駄になっちゃう。

台 台湾のクレジットカードは優待サービスも多いから、あえて使ってる人も多いんじゃないかな。それに年に一回使えば年会費無料というカードが多いから、一人当たり 4、5 枚所有してるのが普通。今後、モバイル決済やネットバンキングでの優待がクレジットカードよりも多くなれば、状況は変わっていくと思う。

限塑政策

台湾政府は、2002年より段階的に各種プラスチック製品の使用を制限する政策を進めている。該当商品は、買い物用レジ袋、使い捨てのカップや食器、ストロー、微粒のプラスチックを含む商品などで、各項目ごとに徐々に実施するもの。実施のステップは、まず周知啓発、その次に一部の店で実施、そして最後に全面禁止とする。2030年までに市民の消費習慣を変え、全面禁止にする予定だ。

紅包

伝統的な中華文化において赤は「縁起がいい」色である。そのため結婚、出産、長寿、旧正月などのお祝いにはすべて赤を基調にした物を贈る。「紅包」とは、赤い封筒にお祝い金を入れたもので、ご祝儀からお年玉、寸志まで、すべて「紅包」と呼ばれる。ところで、台湾の一部地域では未婚で亡くなった女性は先祖代々のお墓に入れないため、死後に結婚の体裁を整える「冥婚」という習慣が残っているといわれる。紙幣と一緒に髪か爪が入った「紅包」を拾おうものなら、その男性は「冥婚」の儀式を挙げなければならないため、台湾人は道端に「紅包」が落ちていたとしても絶対に拾わない。

生辰八字

「八字」は古代中国の『易経』という書に由来し、年、月、日、時間を記録する方法のこと。「生辰八字」とは人が生まれた正確な時間を指す。八字占いは、陰陽五行説と六十干支から派生したもので、日本の四柱推命と同じように、出生時刻から運命を割り出すことができる。また、年、月、日、時間から導き出された八字の重さは人それぞれ異なり、八字が重い人は財が豊富で、八字が軽い人は運が悪く苦労すると言われる。ほかにポピュラーな「紫微斗術」も『易経』をベースとし、出生年月日と時間に星座を組み合わせたものである。

鬼月

旧暦7月の「鬼月」は、あの世から来た霊が人間界で自由に動ける時期のこと。台湾人は旧暦4月の清明節は祖先のお墓参りをし、旧暦7月は身寄りのない霊の魂を供養する。そのため、目に見えなくとも「鬼月」には至る所に霊がいると信じられている。ちなみに「人有三把火」という昔からの言い伝えがある。人間の頭と左右の肩には、人の気と生命力を表す目に見えない火が一つずつ灯っている、という意味だ。後ろから肩を叩かれたり、突然振り向いたりすると、その火が消えて霊が憑きやすくなるといわれている。

22K

22Kは文字通り2万2,000元という意味のほか、「初任給」「低賃金の貧しい新社会人」を表す代名詞でもある。世界金融危機の後、2009年に政府は「大学新卒者には2万2,000元で職場実習1年を提供する」という就業を補助する法案を提出した。期間が終われば企業はその人間を正式に採用するか決められる。この法案は企業に22Kという初任給を設けさせ、大学新卒者の低賃金化の事態を招いた。以降、22Kは「青年貧困化」を代表する語彙の一つとなった。

二二八事件

台湾で発生した大規模な政府への抗議事件であり、かつ本省人と外省人が対立した最も大きな事件でもある。戦後、中国から来た役人は日本に統治された台湾人を差別した。さらに治安の悪化、汚職などにより台湾人の新政府に対する心証は失望の一途をたどる。そして闇タバコのある取り締まり事件が導火線となり、1947年2月28日、ついに政府への抗議デモが勃発。抗議運動は台湾全域に広がり、政府はそれを武力で鎮圧、大勢の民間人が負傷し亡くなった。その後、台湾は長きにわたる戒厳令を敷き、二・二八事件は最もタブーな話題の一つとなった。

社群網站

「社群網站」はSNS(Social Networking Service)の直訳である。よくあるSNSサイトには、公式の英語名称以外に呼びやすい通称がある。例えばFacebookは「臉書」、Instagramは「IG（アイジー）」、Twitterは「推特」、PTTは「批踢踢」。なお、SNS上で人気が高く影響力のあるインフルエンサーは、「網紅」と呼ばれる。

替代役

兵役の服し方の一つを指す。兵役期間は、政府指定の公的機関で働くことで長期の軍事訓練の代わりとし、軍人の身分は持たない。大学以上の学歴で、外国語、科学技術など専門技術を持つ者は優先的に申請できる。警察署や消防署の臨時人員、社会福祉、小中学校の巡回警備、過疎化地方の臨時教員、国交国の農業支援活動などが多い。兵役に就く前に、すでに有名だったり芸能界にいたりした人は、身体への負担が軽い「替代役」を選ぶことが多い。

同性婚姻

台湾の民法で同性による婚姻を認めないことについて、2000 年、同性愛者の人権活動家が、裁判所に正式に憲法の解釈を求めた。長年の議論を経て 2017 年、憲法裁判所は「現行の民法は、婚姻の自由と平等権に違反している」とし、2 年以内に民法改正か、新しい法律の制定を言い渡した。同性婚支持者の多くは、「民法は異性同性の区別なく婚姻を認めるべき」と改正を主張したが、2018 年の国民投票により、民法の婚姻法は改正しないと決議され、従来の婚姻と区別したい人が過半数を超えることが明らかになった。そこで政府は 2019 年 2 月に特別法の法案を提出。同年 5 月に可決、同月 24 日から施行されている。

文化芸術

第4章

文化藝術

台湾映画はどんなジャンルが人気なの？
台灣電影有哪些類型受歡迎？

　　台灣電影在不同年代有不同樣貌。八零年代後半解嚴後，思想及藝術表現獲得鬆綁，描寫大時代小人物為主的「台灣新電影浪潮」受到國際矚目。九零年代走出自我風格的台灣電影在海外影展獲獎連連，至今提到台灣電影，侯孝賢的《悲情城市》、蔡明亮的《愛情萬歲》、楊德昌的《牯嶺街少年殺人事件》仍相當具有代表性。

　　不管在哪個時代，「青春片」都是台灣電影很重要的標籤。侯孝賢的《戀戀風塵》是永遠的苦澀初戀經典，《藍色大門》或《十七歲的天空》點出性別認同的意識變化，《那些年，我們一起追的女孩》或《九降風》描寫 90 年代台灣人經歷過的共同記憶，甜蜜又哀傷的《不能說的秘密》或《我的少女時代》，朗朗上口的主題曲成為許多人的青春。

　　擅長拍青春片的原因有幾個：其一是製作預算較低，小成本的作品比較機會開拍；另外從歷史的觀點來看，台灣社會正值追尋自我認同的青春期，青少年的視角易與時代重疊。另外，在 90 年代受到日本影視文化薰陶，也可能是背後原因之一。

　　近年台灣電影在國內的票房成績，強烈反映出渴求「自我認同」的現象，影史票房前 20 名有一半以上是與台灣歷史文化有關的主題。影史冠軍《海角七號》講穿越時空的台日情緣、日治時期原住民起義的史詩大片《賽德克巴萊》、空拍機俯瞰大自然之美和汙染現狀的《看見台灣》、以白色恐怖為背景的懸疑悚片《返校》、廟會鼓隊文化的《陣頭》或一窺棒球文化源頭的《KANO》……等，比起明星卡司和娛樂效果，台灣觀眾似乎更在乎能否在國片中找到認同感。

描寫	描写する
標籤	ラベル、レッテル
苦澀	苦くて切ない
成本	コスト
自我認同	アイデンティティー

台湾映画は年代によって様相が異なります。1980年代後半、戒厳令の解除後は、イデオロギーと芸術の表現が緩和され、主に時代の小市民を描いた「台湾ニューシネマ」が国際的な注目を浴びました。1990年代になると、独自のスタイルを持つ台湾映画が海外映画祭で次々と賞を受賞しました。今日に至るまで、台湾映画といえばホウ・シャオシエンの『悲情城市』、ツァイ・ミンリャンの『愛情萬歳』、あるいはエドワード・ヤンの『牯嶺街少年殺人事件』といった作品がなお代表的でしょう。

　どの年代においても、「青春映画」は台湾映画にとって重要なブランドです。ホウ・シャオシエンの『恋恋風塵』は苦い初恋の永遠の代表作、『藍色夏恋』や『僕の恋、彼の秘密』はジェンダーアイデンティティーへの意識の変化を示しています。『あの頃、君を追いかけた』や『九月に降る風』では、90年代に台湾人が経験した共通の記憶を描き、甘くて切ない『言えない秘密』や『私の少女時代 -OUR TIMES-』はキャッチーな主題歌が多くの人々の青春となりました。

　青春映画が得意なのにはいくつかの理由があります。その一つは製作予算が低めで、低コストの作品を撮影しやすいこと。歴史的観点から見ると、台湾社会自体がまさにアイデンティティーを模索する青春時代で、青少年の視点が時代に重ねやすいためです。また、90年代は日本の映像文化に影響を受けていることも、その背景にある理由の一つといわれています。

　近年、台湾映画の興行収入は、「アイデンティティー」への渇望を強烈に反映した現象が起きています。映画史上トップ20にランクインした（作品の）半分以上が台湾の歴史や文化に関するテーマのものです。歴代一位の『海角七号 君想う、国境の南』では時代を越えた日台の恋人の運命が語られ、日本統治時代に原住民が蜂起した史劇大作『セデック・バレ』、上空から撮影され大自然の美と汚染の現状を俯瞰した『天空からの招待状』、「白色テロ（戦後の軍事政権による高圧的な統治）」を背景にしたサスペンススリラー『返校』、縁日の打楽器文化の『陣頭』、それから野球文化の源がうかがえる『KANO 1931 海の向こうの甲子園』などの作品です。豪華キャストやエンターテインメント性よりも、台湾の観客はまるで台湾映画の中にアイデンティティーを探し当てられるかどうかのほうがずっと気になるようです。

在電影院看外國片是字幕還是配音？

日 有部電影好像很有趣，要不要一起去看？

台 好啊！擇日不如撞日，今天下班後就去看吧！你想看哪部？

日 有點想看迪士尼的最新作品，台灣的電影院會是字幕版還是配音版？

台 在台灣上映的外國片全部都是原文發音加上中文字幕，只有學齡前的小孩子也能看的卡通片會有中文配音，因為他們還小，看不懂字幕。

日 這樣啊！照你這麼說，迪士尼的卡通電影是配音的囉？

台 不一定，通常台灣人不喜歡聽配音，太分散注意力了，而且聽原文比較有感情，加上很習慣看字幕，所以卡通片會分成「原文發音版」和「中文配音版」各自上映，買票的時候注意一下不要買錯了！順便說一下，不只是外國片會上字幕，中文發音的電影也會有喔！連電視節目只要不是現場轉播的，就都會上中文字幕，很多人不看字幕會不習慣。

日 真的喔？為什麼？中文不是通用的官方語言嗎？

台 台灣的民族構成本來就很多元，外省人更是來自大江南北，各地的方言和口音很不同，不上字幕就聽不太懂，大家變得很依賴字幕。

台湾の劇場で見る外国映画って字幕？　吹き替え？

日 面白い映画があるみたい。一緒に見に行かない？

台 いいよ。思い立ったが吉日、今日仕事が終わったら見に行こうよ！　何が見たいの？

日 ディズニーの最新作がちょっと見たいんだよね。台湾の映画館は字幕？それとも吹き替え？

台 台湾で上映される外国映画は、全部原語に中国語字幕をプラスしたものだよ。学校に上がる前の児童はまだ小さくて字幕が読めないから、アニメだけは中国語の吹き替えがあるけど。

日 そうなんだ！　あなたが言う通りなら、ディズニーのアニメは吹き替えってこと？

台 そうとも限らない。台湾人は普通吹き替えが好きじゃないんだ。注意力が散漫になるし、原語で聞いた方が感情がこもってるし、字幕を読むのにも慣れてる。だからアニメは「原語バージョン」と「中国語吹き替え版」が上映されるの。チケットを買うときは、間違えないように注意してね！ついでに言っておくと、字幕があるのは外国映画に限らず、中国語の映画もそうだよ！　テレビ番組でさえ、生放送でなければ全部中国語字幕があるの。だからみんな字幕を見ないのは慣れないんだよ。

日 本当に？　どうして？　中国語は共通の公用語じゃないの？

台 台湾は民族構成がもともと多様だし、外省人はさらに大陸各地の出身で、各地の方言やなまりが違うから、字幕がなかったらあまり聞き取れない。だからみんな字幕に頼るようになったんだ。

台湾のポップスってどんな感じ？
有屬於台灣的流行音樂嗎？

　　80 年代，香港樂壇曾經席捲華語圈，但是在 90 年代解嚴之後，多采多姿的流行音樂陸續嶄露頭角，台灣取代香港成為華語圈的領頭羊。出生在新加坡或馬來西亞等地的華人也大多選擇到台灣來發展。

　　以往常見翻唱日本歌曲的狀況，隨著環境變好，漸漸出現創作原創歌曲的人才。尤其是 90 年代中後期，王力宏、陶喆、順子等在美國出生的華裔，將以往台灣甚少出現的 R&B、爵士或嘻哈饒舌……等元素帶進華語樂壇，將台灣音樂提升到另一個層次。2000 年出道的周杰倫更是不可一世的音樂才子，他是土生土長的台灣人，創作的歌曲極富質感及原創性，絲毫不輸給出生在美國那種世界頂尖流行音樂圈的華裔歌手，他的超高人氣甚至造成社會現象。

　　更不能忘記的是，台語、客語、原住民語等多種方言的音樂。講到台語歌，顛覆以往傳統演歌形象的是五月天及伍佰，他們以搖滾流行樂的方式，開創出台語歌曲的新境界。另外在原住民語的部分，97 年出道的卑南族歌手張惠妹帶來的影響相當大。在那之前，提到原住民歌曲，無論好壞都太獨特了，並不是大眾取向的音樂，但是張惠妹在流行音樂中加入原住民語言和曲調的要素，大受市場好評，讓原住民歌手在樂壇的地位變得更加重要。在台灣樂壇最有權威、號稱是台灣葛萊美的金曲獎，從 2005 年開始增設鼓勵原住民語音樂的獎項，現在有許多的原住民音樂人以結合現代元素的獨特風格，持續影響著台灣的樂壇。

　　另外，近年來獨立樂壇的勢力逐漸在壯大中。獨立廠牌不受主流唱片公司的主導，只需追求音樂人真正想做的音樂，因此在耳朵很尖的樂迷當中受到高度評價，也培養出忠實的粉絲，增添台灣音樂多元發展的可能性以及進化的複雜性。

華語圈	中国語を使用する地域とコミュニティー
嘻哈	ヒップホップ
饒舌	ラップ
華裔	外国で生まれ育ち、その国の国籍を持つ中華系移民の子孫。華僑
搖滾	ロック

80年代は、香港音楽界が中国語コミュニティー（中華圏）を席巻しましたが、90年代の戒厳令解除後には、多彩なポップスが次々と誕生し、台湾が香港に代わって中国語コミュニティーの音楽を牽引するようになりました。シンガポールやマレーシア出身の華人も、台湾を拠点に選び活躍する人がとても多いです。

　過去には日本のカバー曲もよく見られましたが、環境がよくなるにつれ独自の音楽を創り出す人が出てきました。特に90年代後半は、ワン・リーホンやデビッド・タオ、シュンズらアメリカで育った華僑たちが、R&Bやジャズ、ヒップホップ、ラップといった、それまで台湾にはほぼなかった要素を華語音楽界にもたらし、台湾音楽のレベルを一気に引き上げました。さらに2000年にデビューしたジェイ・チョウは非凡な才能の持ち主で、台湾育ちの台湾人でありながら、世界的にトップレベルのポップスを発信するアメリカ育ちの人たちに勝るとも劣らない、クリエイティブで高い音楽性を持ち合わせた楽曲を創り出し、社会現象を巻き起こしました。

　さらに忘れてはならないのが台湾語、客家語、原住民語といった多言語のジャンルです。それまで台湾語の歌といえば演歌、といったステレオイメージを覆したのが、Mayday（メイデイ）やウー・バイ。ロックテイストのポップスで、台湾語曲の新境地を開きました。一方原住民語のジャンルでは、97年にデビューしたプユマ族のアーメイがもたらした影響が大きいでしょう。それまで原住民語曲は、いいにも悪いにも独自の特色が強すぎて、万人には受けませんでした。しかしアーメイは、原住民の言葉と音色の要素をほんの少し加えつつもポップスに多めに寄せ、それが広く受け入れられ大ヒットしたことにより原住民歌手はさらに重要な地位を確立しました。台湾グラミーとも呼ばれる、台湾で最も権威ある音楽アワード金曲奨（きんきょくしょう）では、2005年より原住民語音楽に特化した賞が設けられ、現在は多くの原住民アーティストが、現代の要素と融合させた独特な音楽性で、台湾の音楽界に影響を与えています。

　またここ数年はインディーズが盛り上がりを見せています。メジャーのように会社の方針の影響を受けず、アーティストが本当にやりたい音楽を追求できるため、音楽の素養が高いファンからも高く評価され、熱狂的なファンがつくなど、台湾の音楽はますます多様化が進み複雑に進化していくといえそうです。

台灣的卡拉 OK 超級豪華嗎？

日 聽說台灣的卡拉 OK 包廂很豪華？

台 要看店吧？你是去星聚點或錢櫃嗎？

日 對啊！一整棟大樓都是卡拉 OK，服務台和裝潢像飯店一樣。

台 飲料和食物也是自助吧吃到飽。

日 而且食物的水準不差，就算不唱歌也很划算。包廂本身比日本的寬敞，然後我很訝異每間包廂都有附廁所。

台 大型連鎖店都是標榜那種路線，但是也有把大樓的一小部分改裝成卡拉 OK 包廂的獨立店家。

日 那種有什麼特色嗎？

台 特別多日本歌、韓國歌或英文歌，每家店的強項不太一樣。也有在別的客人面前唱卡拉 OK 機的酒吧。

日 在台灣唱歌有沒有要注意的事情？

台 其實沒有耶！台灣不像日本會在意每個人要輪流唱，一個人連續點好幾首也 OK，要隨時插歌也 OK。

日 如果不爽被別人霸佔，就自己去插歌搶過來唱嗎？大家都這麼隨意，還不會把氣氛搞僵，台灣人真有包容力。哪種歌受歡迎呢？

台 每個年齡層喜歡的歌曲不太一樣，主要是抒情歌和快歌比較有人氣。要講不同世代都喜歡的歌手，應該是五月天吧！歌詞很有意境，旋律也很好唱，他們是名副其實的國民天團。女歌手的話，蔡依林始終是人氣最旺的。

台湾のカラオケは豪華すぎるよね？

日 台湾のカラオケボックスってすごい豪華だね。

台 それはお店によるよ。「星聚點」とか「錢櫃」に行ったんでしょう？

日 そう！　大きな一棟建ての建物で、受付も内装もホテルみたい。

台 飲み物も食べ物も、取り放題なんだよね。

日 しかも料理の質も高い。カラオケしなくても元とれちゃうよ。個室内は日本より広くて、各部屋トイレがあるのも驚き。

台 大きなチェーン店はそういうスタイルで売ってるけど、ビルの一角をカラオケボックスに改装したりして個人経営してるところもあるよ。

日 そういうのはどんな特徴があるの？

台 日本の曲、あるいは韓国や英語の曲が特に多いとか、お店ごとにそれぞれ強みがある。ほかのお客さんもいる所で歌うスナックみたいな場所もあるよ。

日 気を付けるべきマナーとかはある？

台 特にないよ。台湾は日本みたいに一人ずつ順番に歌うとか気にしないし、一人が続けて何曲入れても OK だし、割り込みも OK。

日 誰かが独り占めしてても、それが嫌ならどんどん自分のを割り込みさせちゃうってことだね。みんな自分本位でも空気が悪くならないあたり、台湾人は本当に寛容だね。どんな曲が人気？

台 世代によっても違うけど、バラードかノリのいい曲が人気。特に幅広い世代に人気があるのはMaydayかな。歌詞もきれいだし、曲も歌いやすい。まさに国民的バンドだと思う。女性ではジョリン・ツァイも不動の人気だよ。

43 テレビが100チャンネル以上あるって、ほんと？
電視頻道真的有 100 台以上嗎？

　　打開台灣的電視，看到有一百台以上的頻道，外國人通常都會嚇一跳吧？

　　目前台灣的有線電視裝設率是 6 成，在電視全盛期曾經更高。有線頻道被稱為「第四台」，因為最早期的無線頻道是「華視」、「中視」和「台視」，通稱「三台」，非無線的有線頻道是「三台以外的頻道」，因而有了「第四台」之稱。第四台不是一個頻道，是上百個有線頻道的總稱。現在無線台數量增加到 20 幾台，所以原本的三個頻道又被稱為「老三台」。

　　這麼多頻道要如何選擇想看的節目呢？台灣的有線電視是按照類型分類，可以在相近的頻道找尋有興趣的節目，比如戲劇台、綜合台、教育台、電影台、新聞台、運動台……等，每種類型都有數個頻道可選擇。整天播放精選日本節目的「日本台」也有三到四個，這是台灣觀眾認識日本娛樂動態的主要來源之一。

　　台灣觀眾每年不可缺席的三大盛事，那就是「三金」典禮：金曲獎、金鐘獎、金馬獎的現場轉播。每年的收看人口約 3 到 4 百萬，近年來加上網路直播，海外的收看人數更是激增。「三金」是獎勵三大領域的典禮，金曲獎是音樂、金鐘獎是電視和廣播、金馬獎是電影。許多歌手和演員是受到三金肯定之後，逐漸受到市場注意，因此三金也被譽為新秀的登龍門之地，收看三金就能掌握華語娛樂圈的最新趨勢。

頻道	チャンネル
節目	番組
有線電視	ケーブルテレビ
娛樂圈	芸能界

台湾のテレビをつけて、100以上のチャンネルを見ると、外国人は普通驚きますよね。

現在、台湾のケーブルテレビの設置率は6割ですが、テレビ全盛期だったころにはもっと高かったのです。ケーブルチャンネルは「第四台」と呼ばれています。初めのころ、地上波のチャンネル「華視」、「中視」、「台視」は、通称「三台」といわれており、地上波ではないケーブルチャンネルは「三台以外のチャンネル」、つまり「第四台（四番目のチャンネル）」と呼ばれるようになりました。第四台は一つのチャンネルではなく、百数局のケーブルチャンネルの総称です。現在、地上波のチャンネルは20以上に増えたため、元の三つのチャンネルは「老三台」とも呼ばれます。

こんなにたくさんのチャンネルから、見たい番組をどのように選ぶのでしょうか。台湾のケーブルテレビは、例えばドラマチャンネル、総合チャンネル、教育チャンネル、映画チャンネル、ニュースチャンネル、スポーツチャンネルなどジャンル別に分類されていて、各ジャンルごとに複数のチャンネルがあるため、その中から興味のある番組を探すことができます。1日中日本の番組を放映する「日本チャンネル」も3〜4局あります。これは、台湾の視聴者が日本のエンターテインメントの動向を知る、主なソースの一つです。

台湾の視聴者が毎年見逃すことのできない三つの主なイベントは、「三金」と呼ばれるゴールデン・メロディー・アワード、ゴールデン・ベル・アワード、ゴールデン・ホース・アワードの生放送です。毎年、約300〜400万人が視聴し、インターネットでのライブ配信もされるようになった近年は、海外の視聴者数も急増しました。「三金」は、三つの各分野において褒賞を与える授賞式で、ゴールデン・メロディーは音楽、ゴールデン・ベルはテレビ・ラジオ番組、ゴールデン・ホースは映画です。多くの歌手や俳優は、三金で認められてから、世間にも徐々に認められるようになります。つまり三金は新人の登竜門としても知られており、三金を見れば、中華圏の芸能界の最新動向を把握することができるのです。

新聞節目有公信力嗎？

日 要看新聞的話，該轉去哪一台？

台 無線台的新聞是每天晚上七點，不過台灣人通常都直接轉到有線的新聞台，每一台都是 24 小時，而且每天有三分之二時間是現場直播。

日 這麼即時！？

台 對觀眾而言是滿方便的，可以隨時了解天下事，不過電視台之間的競爭很激烈，畢竟頻道都相連在一起，影響力比較大的大概有七、八台。

日 這麼多台要怎麼選擇？每台報的不都差不多？

台 不，差多了，常常有相反的言論。台灣每家電視台的政治色彩很分明，政論節目常被當作帶動輿論風向、形象操作的工具。尤其是中港澳相關的新聞，報導立場完全不同，反映出政治上最敏感的那一面。久而久之，觀眾也會挑偏向自己政治立場的頻道收看，不太需要選擇了。

日 可以問哪一台比較公正嗎？

台 公視吧。類似日本的 NHK，公視比較沒有政黨立場。

日 在日本看電視都不會想這麼多⋯⋯。

台 台灣人有時候會開玩笑說：「新聞比綜藝節目有娛樂效果，綜藝比連續劇有戲劇效果。」

報道番組って信憑性ある？

日 ニュースを見るなら、どの番組を見ればいい？

台 地上波のニュースは毎晩7時からだよ。でも台湾人は普通ケーブルの
ニュース番組を見るんだよね。各局24時間やってるし、毎日3分の2
は生中継だから。

日 そんなにライブなの⁉

台 視聴者にとっては便利だよね。いつでも世相が分かるから。でも所詮ど
のチャンネルも隣り合ってるから、テレビ局の競争が熾烈だけど影響力
があるのは七〜八つくらいのチャンネルかな。

日 そんなに多くの局からどうやって選ぶの？　各局の報道はそんなに変わ
らない？

台 ううん、全然違うよ。よく全然反対のこと言ってる。台湾のテレビ局は、
政治的なカラーがはっきり出てるの。政治討論チャンネルはいつもライ
バル政党を攻撃して、選挙の形勢を牽引するツールになってる。特に中国・
香港・マカオ関連のニュースは、報道側の立場によって全然違って、政
治的に一番センシティブな一面が反映される。そのうち視聴者も自分の
支持する政治的立場のチャンネルを見るようになるから、選ぶ必要はあ
まりないの。

日 比較的中立なのはどの局か聞いてもいい？

台 「公視」だね。日本のNHKみたいなもので、「公視」は特定の支持政党は
ない。

日 日本でテレビを見るとき、そんないろいろ考えないよ……。

台 台湾人は時々「ニュースはバラエティー番組より娯楽性がある。バラエ
ティー番組はドラマよりもドラマ性がある」っていうジョークを言うん
だ。

　　喜歡做的運動和喜歡看的運動相當不同，先從大家喜歡做的部分開始介紹起，散步、慢跑、游泳、登山、騎單車是最常見的項目。公園和運動場時常可見以各自的速度或走或跑的人。單車會受到歡迎，主要應該是受到租借型單車 YouBike（台北、新北、台中、彰化）的普及所影響。

　　根據教育部調查指出，台灣的運動人口每年呈現微幅增長的趨勢，在女性方面特別顯著。運動相關的營利單位，在 2016 年有 1,835 家，2017 年約 2,040 家（台灣趨勢研究調查），市場規模約 241.6 億元。同年度日本的運動機構是 5,299 間，從台灣人口數是日本的六分之一來看，比例上可以說相當高。

　　在看的部分，根據 2015 年 DailyView 網路溫度計的調查，籃球、棒球和足球是三強鼎立，最有人氣的莫過於籃球了。似乎很多人是受到日本漫畫『灌籃高手』的啟發開始看籃球。台灣的職業籃賽有田壘、吳岱豪、曾文鼎……等，個個身高超過 2 公尺的知名選手。

　　此外，2018 年台灣的 Google 年度熱搜榜第一名，是在俄羅斯舉辦的世界盃足球賽，人物榜上大谷翔平也擠進前十名，雖台灣沒有職業足球聯賽，但可略窺民眾對觀戰的熱情。

　　至於棒球的部分，1996 年曾發生黑道綁架選手的事件、2009 年爆發打假球的風波，讓職棒一度蒙上負面形象，不過一直以來許多台灣選手到日本職棒打出一片天，不少日本的比賽都有在台灣轉播，仍舊擁有根深蒂固的超人氣。

慢跑	ジョギングする
騎單車	サイクリング
趨勢	トレンド、傾向
籃球	バスケットボール
棒球	野球
足球	サッカー

自分でするのと観戦するのでは人気スポーツがだいぶ違ってきます。まず自分でする方から紹介すると、散歩、ジョギング、水泳、登山、サイクリングが一般的です。公園や運動場には、各々の速度で歩いたり走ったりする人の姿を日常的に見かけます。自転車の人気が高いのは、レンタサイクル YouBike（台北、新北、台中、彰化）普及の影響が大きいでしょう。

　教育部の調査によると、台湾の運動人口は毎年微増傾向で、特に女性が顕著だそうです。スポーツ関連の営利企業は、2016 年の時点で 1,835 軒、2017 年で約 2,040 軒（台湾トレンドリサーチ調べ）。241.6 億元の市場規模です。同年の日本の施設数は 5,299 軒ですから、人口の比率を考えるとかなり多いと言えます。

　観戦に関しては、2015 年 DailyView 網路温度計（データ分析サイト）調べによると、バスケット、野球、サッカーがトップ 3。一番人気は何と言ってもバスケットボール。日本のコミック『スラムダンク』の影響を受け興味を持ったという人が多いそうです。台湾のプロバスケットリーグでは、田壘（ティエン・レイ）、吳岱豪（ウー・タイハオ）、曾文鼎（ツェン・ウェンティン）らいずれも 2 メートル超えの選手が活躍しています。

　ちなみに 2018 年度、台湾での Google 検索ワードのトップは、ロシアでのサッカーワールドカップ（W 杯）、人物では大谷翔平が 10 位にランクイン。台湾にはサッカーのプロリーグはないのですが、高い関心があることがうかがえます。

　野球は、1996 年の台湾マフィアによる選手監禁事件、2009 年八百長事件などがあり、ダークなイメージがついてしまったのですが、日本でもこれまで多くの台湾人選手が活躍しており、日本の野球も試合によっては台湾で視聴可能で、根強い人気があります。

桌球國手福原愛在台灣也很紅嗎?

日 福原愛又拍廣告又上電視節目,在台灣也很紅呢!

台 其實以前知道她的人並不多,因為桌球在台灣不是主流運動,江宏傑選手也不算有知名度。

日 那他們是結婚之後才出名的嗎?

台 對,很多人是在記者會被大肆報導之後,才第一次知道他們倆。小愛的中文很好,說話方式也很可愛,馬上就接到綜藝節目的邀約,瞬間知名度大增。

日 原來很少人知道她在選手時期有多厲害。在台灣有名的運動選手是誰?

台 在國外發展的選手特別有名吧!比如 NBA 的林書豪、前美國大聯盟選手的王建民、陳偉殷、現任大聯盟選手的林子偉。王建民的紀錄片電影在 2018 年才剛上映喔。

日 在日本職棒發展的陽岱鋼、王柏融和待過韓國職棒和美國大聯盟的王維中也很紅吧。

台 還有高爾夫球選手曾雅妮,網球選手盧彥勳、詹詠然、謝淑薇,羽球排名世界第二的戴資穎。感覺要有明星選手問世,民眾對賽事的關注度才會比較高。

卓球の愛ちゃんは、台湾でも人気？

日 福原愛ちゃんは、広告やテレビ番組にも出たりして台湾でも人気だね。

台 でも実は、もともと知っている人は少なかったんだよね。卓球は台湾でメジャーなスポーツとは言えないから、江宏傑（ジャン・ホンジェ）選手も有名じゃなかった。

日 じゃあ、二人が結婚してから有名になったの？

台 そう。記者会見の様子が報道されて、初めて認識した感じ。愛ちゃんは中国語も上手だし、話し方もとってもかわいいから、あっという間にバラエティー番組にも呼ばれるようになって一躍有名に。

日 じゃあ現役時代の活躍を知る人は少ないんだね。台湾で人気があるスポーツ選手は誰？

台 やっぱり国際的な活躍をしている人。例えばNBAのジェレミー・リンとか、元大リーガーの王建民、チェン・ウェイン、現役大リーガーの林子偉。王建民のドキュメンタリー映画は 2018 年に台湾で公開されたばかりだよ。

日 日本のプロ野球で活躍してる陽岱鋼（ようだいかん）、王柏融（ワン・ボーロン）、韓国プロ野球やメジャーリーグで活躍した王維中（おういちゅう）も人気だよね。

台 あとゴルフの曾雅妮（ヤニ・ツェン）、テニスの盧彦勳（ルー・イェンスン）、詹詠然（チャン・ユンジャン）、謝淑薇（シェイ・スーウェイ）。バトミントン世界ランキング２位の戴資穎（タイ・ツーイン）。やっぱりスター選手が誕生すると、そのスポーツへの興味も高まるよね。

45 おじさんもタピオカを飲むの？
歐吉桑也會喝珍珠奶茶嗎？

　　誕生於台灣的「珍珠奶茶」爆紅，世界各地可見標榜來自台灣的手搖飲料店，在日本的鬧區也出現大排長龍的社會現象。台灣人本身也不惶多讓，據財政部統計手搖飲業在台灣每年的產值高達 500 億元，一杯以 50 元換算的話，多達十億杯，平均每人三天就喝一杯，可以說是台灣人的「精神食糧」。

　　台灣盛產茶葉，也有深遠的飲茶文化，但是珍珠奶茶的出現只有短短不到三十年。其實 80 年代之前沒有喝冷泡茶的習慣，直到在台中出現「泡沫紅茶店」的熱潮，茶店成為年輕人聚會的場所，冷泡茶飲才開始普及。80 年代中期，茶店想出將小粉圓放入紅茶的點子吸引客人，之後又有人發明將大顆黑色珍珠放入奶茶，先是以「波霸奶茶」的名稱問世，話題十足的命名讓珍珠奶茶迅速紅遍全台，現在成為男女老少都常喝的飲料。

　　90 年代外帶式的店鋪成為主流，目前全台有 1 萬 8 千間以上的手搖飲料店，數量比便利商店還多。在競爭激烈的狀況下，店家各自發展出不同特色，有些店專精於茶葉，烏龍茶、紅茶、綠茶、鐵觀音……等，種類媲美老牌茶行；有些店引進產地直送的鮮乳，開發台灣特產的水果茶或鮮果汁，改良珍珠的軟硬或顏色，專攻黑糖、蜂蜜、檸檬、優格之類的特色口味。

　　另外，自從兼具甜點和飲料兩種身分的珍珠奶茶問世，台灣人培養出把很多配料放到飲料裡面的挑戰精神，木薯做的「珍珠」已經不稀奇，椰果、蒟蒻、芋圓、蘆薈、寒天、咖啡凍條……等，各種小巧有嚼勁的東西都被放進去，甚至布丁都可以，「怕你喝茶的時候覺得無聊」正好就是當年珍奶被發明的初衷。

手搖飲料店	タピオカドリンクのように、その場で調合して振ってから飲む飲料を提供する店。短縮して「搖飲店」ともいわれる
外帶	テイクアウト
茶行	茶葉店
椰果	ナタデココ
蘆薈	アロエ

台湾発祥の「タピオカミルクティー」が爆発的な人気になり、世界各地で、台湾発を掲げた「手揺杯」のスタンドが見られるようになりました。日本の繁華街でも長蛇の列になる社会現象が起きています。本場台湾も引けを取りません。財政部の統計によると、「手揺杯」産業の年間生産額は毎年500億元に上り、一杯50元換算で10億杯、一人当たり平均3日に1杯飲んでいることになります。台湾人の「ソウルフード」といっていいでしょう。

　台湾は茶葉の生産が盛んで、奥深い茶文化がありますが、タピオカミルクティーは誕生からわずか30数年も経っていません。実は1980年代、台中に「バブルティー・カフェ」ができブームが起きるまでは、冷たいお茶を飲む習慣はありませんでした。こうしたカフェは若い人たちが集まる場所となり、アイスティーが普及し始めました。80年代半ば、顧客を呼び込むため、あるカフェが紅茶に小さなタピオカを入れるアイデアを思い付き、後にまたある人は大きな黒いタピオカをミルクティーに入れることを考え出しました。「おっぱいミルクティー（タピオカドリンクの別名）」の名が先に世に出て、話題性十分なその名が、タピオカミルクティーを瞬く間に台湾全域ではやらせ、今では、老若男女が日常的に飲むようになりました。

　90年代には、持ち帰りスタイルの店舗が主流になりました。現在、台湾全域には1万8,000軒以上のドリンクスタンドがあり、その数はコンビニの数を上回ります。熾烈な競争の中、店は独自の特色を打ち出しています。茶葉にこだわり、ウーロン茶、紅茶、緑茶、鉄観音など老舗の茶葉店に匹敵する種類を取り扱う専門店もあれば、産地直送の新鮮な牛乳を取り寄せたり、台湾名産のフルーツティーやフレッシュジュースを開発したり、タピオカの柔らかさや色を改良したり、黒糖、蜂蜜、レモン、ヨーグルトなど特色のあるフレーバーを専門にする店もあります。

　また、スイーツと飲料両方の要素を併せもつタピオカミルクティーの登場により、飲料にいろいろなトッピングをするというチャレンジ精神が養われました。キャッサバで作られた「タピオカ」はすでに珍しいものではなく、ナタデココ、コンニャク、イモ団子（原料はタロイモとサツマイモ）、アロエ、寒天、コーヒーゼリー……など小さくて歯ごたえのあるいろいろなものはすべて入れられ、さらにはプリンまでよしとなりました。「お茶を飲むとき、つまらないと思われるのが怖い」というのが、まさにタピオカミルクティー発明当時の原点なのです。

「團購」是什麼？

日 今天上班的時候，台灣同事傳過來一張搖飲店的單子，我以為是要跟我介紹那家店，沒想到是約我一起買，好糗喔！

台 啊，他想團購吧？你就在你想點的飲料上打勾，再傳給下一個人就好。

日 「團購」是什麼意思？

台 邀請別人一起「團體購買」的意思！因為先打電話過去訂，可以節省等待的時間，很多公司或團體會找好幾個人一起訂，有時候量多還可以打折或外送。

日 上班時間在公司喝珍珠奶茶不會怎樣嗎？

台 還好，畢竟是台灣人的精神食糧。而且搖飲店都可以指定甜度和冰塊量和配料，數量多的時候訂起來很麻煩，通常都是公司的新人要負責，有點像日本企業的新人當餐會的幹事一樣。

日 原來如此，除了飲料之外還會團購別的嗎？我同事偶爾會轉蛋糕的傳單過來。

台 會喔，很多上班族很愛團購。現在許多外地的老店在經營上有困難，開始只接網路團購的大筆訂單。比如蛋糕、餅乾、果醬、茶包、乾麵條⋯⋯等等，你想得到的食物幾乎都有開團購，價格比市面上優惠很多。當然不只是食物，文具、運動或生活用品也有。

日 我怕我腦波弱，被推薦什麼都想買。

台 放心，大家都一樣。邀人一起團購是「揪團」，發起人是「主揪」，參加別人發起的團購稱為「跟團」，我自己是一被揪就忍不住要跟。

「団体購入」って何？

日 今日仕事のとき、台湾人の同僚がドリンクスタンドのチラシを送ってきたの。私にその店を紹介したいのかと思ったら、一緒に買おうって誘われてたんだね。気まずかったよ。

台 あ、「團購」でしょ。飲みたい飲み物にチェックを入れて、送り返せばいいんだよ。

日 「團購」ってどういう意味？

台 ほかの人と一緒に「共同購入」するという意味だよ！　先に電話して注文しておけば待ち時間を節約できるから、たくさんの会社や団体で、数人単位で注文してるよ。数が多ければ割引や配達もしてくれるの。

日 仕事中に会社でタピオカミルクティーを飲んでも大丈夫なの？

台 大丈夫。なんといっても、台湾人のソウルフードだから。それにドリンクスタンドでは、甘さや氷の量、トッピングを指定できるから、数量が多いと注文するとき面倒臭いでしょ。だから普通は会社の新人が担当するんだよ。日本企業の新入社員が飲み会の幹事をやるのに少し似てるかな。

日 なるほどね。飲み物のほかにも共同購入はあるの？　同僚からたまにケーキのチラシが送られてくるんだけど。

台 あるよ。会社員はみんな共同購入が大好きだから。今は地方のたくさんの老舗が経営に行き詰まってるから、共同購入の大量注文だけネットで受け始めたの。例えばケーキ、クッキー、ジャム、ティーバッグ、乾麺とか。思い付く食べ物はほとんど共同購入できて、値段も街中よりずっとお得なんだよ。もちろん食べ物だけじゃなくて、文房具、スポーツ用品、生活用品もあるよ。

日 押しに弱いから、薦められたら何でも買いたくなりそうで怖い。

台 安心して、みんな同じだから。誰かに誘われて一緒に買う人を「揪團」、発起人を「主揪」、人の共同購入にのっかるのを「跟團」って言うんだよ。私も誘われたら我慢できなくてのっかっちゃう。

（46） どんな本が人気なの？
台灣人愛看哪些書?

提到出版業的現狀，近年來實用類的書籍當道，根據台灣最大圖書網路電商「博客來網路書店」的年度綜合榜，文學類甚至擠不進前二十名。暢銷書籍主要以心靈勵志、語文學習、星座占卜、投資理財、烹飪食譜為主，民眾購買紙本書籍的目的性看來高於對閱讀的喜好。

另外，外文翻譯作品的存在感不容忽視。占台灣出版的新書四分之一以上，光是日本和美國就占了近八成的比例。漫畫類有九成以上翻譯自日本的作品，要說台灣人全是看日本漫畫長大的也不過分。在華文創作的部分，即使近年出現吳明益、甘耀明等揚名國際的小說家，原創的純文學在出版界仍處於弱勢。創作的主戰場轉向發表門檻較低的網路平台，網路書店也漸漸取代傳統書店。

但是在紙本式微的出版冰河期，「獨立書店」卻迎接第二波的熱潮。現在全台的獨立書店有 200 間左右，間間講求特色化經營，有些結合在地文化，有些主張社會議題，兼具風格和質感的空間，也滿足現代人愛拍照打卡的習性。

台灣由於人口較少，出版界衰退的程度也比日本來得嚴重，但是出版本身卻呈現完全相反的狀況。也許是因為出版成本較低，規格尺寸也相對自由，雖然印刷量不大，作者或編輯用心製作、獨具風格的書籍一本接一本誕生。而且台灣沒有再版的制度，書本在不同書店有不同的售價。這種背景也是帶動獨立書店熱潮的助力之一。

第一個實踐「書店商場模式」的是「誠品書店」，它打開複合式經營的可能性，也成為「文創」風潮的推手之一。後來影響同型態的日系書店也來台灣開店，造成明明出版業銷售規模縮小，大型連鎖書店卻一間間開的奇妙現象。

綜合榜	総合ランキング
吳明益	『自転車泥棒』、『歩道橋の魔術師』の著者。日本でも翻訳書が出版されるなど昨今、台湾を代表する作家の一人
門檻	条件、障壁、ハードル
文創	「文化創意産業」の略。文化と創造性を結びつけた産業

出版業界の現状を述べると、近年は実用的な本が人気を博しています。台湾最大の書籍 e コマース「博客オンライン書店」の年度総合ランキングでは、文学はトップ 20 に入ることさえできませんでした。ベストセラーの書籍は主にスピリチュアル、語学学習、星占い、投資資産管理、料理のレシピで、紙の本を買うのは、趣味としての読書というよりも目的買いが多いです。

このほか、外国語の翻訳作品の存在感は軽視できません。台湾で出版された新しい本の 4 分の 1 以上を占めており、日本と米国だけで 80% 近くを占めています。漫画の 90% 以上は日本作品の翻訳です。台湾人はみんな日本の漫画を読んで育ったと言っても過言ではないでしょう。中国語の作品では近年、呉明益、甘耀明など国際的に名を上げた小説家が現れましたが、台湾原作の純文学はいまだ出版界の弱小勢力です。創作の主戦場は、作品発表のハードルが比較的低いインターネットへとプラットホームが移り、オンライン書店は徐々に従来の書店に取って代わりつつあります。

しかし紙の出版の氷河期に、「独立系書店」が第 2 のブームを迎えています。現在、台湾には約 200 軒の独立系書店があります。どの店も特色を打ち出した経営で、ある店は地元の文化と融合し、またある店は社会問題を提起し、スタイルと質感を兼ね備えた空間で、インスタ映えを愛する今どきの習性も満足させてくれます。

台湾は人口が少ないため、出版業界の衰退の程度は日本よりも深刻ですが、出版物そのものに関しては、真逆の状況です。出版コストが比較的安く、判型も自由な傾向が強いせいか、刷り部数が少なくても、著者や編集者がこだわり抜いた個性的な本が数多く生まれています。また台湾には再版制度がないため、本の価格も各書店ごとに違います。そのような背景も、独立系書店のブームを後押ししているのでしょう。

最初に「書店モールモデル」を実践したのは「誠品書店」で、複合式の経営の可能性を打ち出し、「文創」トレンドの推進者としても一役を担っています。その後、影響を受けた同じ形態の日本の書店も台湾に出店し、明らかに出版業界の売上規模は縮小しているのに、大型のチェーン書店は次々とオープンしていくという奇妙な現象が起こっています。

書店的雜誌區好多日本雜誌喔。

日 我去逛台灣的書店，雜誌區好多日本雜誌喔！

台 對啊，台灣人很習慣看日本雜誌了，原裝空運版幾乎是日本發行日當天就在台灣上架，吸收資訊零時差。

日 大家都看得懂日文嗎？

台 懂日文的人不少，但我想大部份人是看不懂的。最受歡迎的雜誌莫過於流行時尚、化妝及美髮，這些光看圖片就夠了。其他像是攝影、偶像明星、手工藝、室內裝潢……等專門誌，讀者也習慣不等翻譯，直接買日版來看。

日 有些雜誌是看台灣發行的？

台 財經商業、求職趨勢、醫療保健之類的最多吧！以前娛樂八卦誌的週刊也很紅，但是現在大家都看網路新聞，好幾家已經不出紙本了。

日 果然全世界都有脫離紙本的現象。

台 不過也有滿多人感嘆只看網路的文字不夠滿足，實體刊物的需求再度被重視，加上現在有群眾募資的制度，而且這幾年出現青年返鄉潮，「地方誌」在台灣如雨後春筍般出現，還滿值得關注一下的。

書店にたくさん日本の雑誌があるね。

日 台湾の書店を見ると、雑誌の棚にはたくさん日本の雑誌があるね。

台 そうだね。台湾人は日本の雑誌を見慣れてるからね。純正版は空輸されて、ほぼ日本の発売日当日に台湾でも店頭に並ぶから、情報の時差もゼロ。

日 みんな日本語を読めるの？

台 分かる人は少なくない。でも大部分の人は分からないと思う。一番人気があるのは最新のファッション、コスメ、ヘアで、そういうのは写真を見るだけで十分でしょ。ほかにはカメラ、アイドル、手芸、インテリアとかの専門誌。読者も翻訳を待たずに直接日本版を買うのに慣れてるの。

日 一部の雑誌は台湾で発行されたもの？

台 財政経済ビジネス、求職トレンド、医療保健が一番多いかな。前は芸能ゴシップの週刊誌も人気があったんだけど、今はみんなネットニュースを見るから、いくつもの出版社でもう紙は出さなくなった。

日 やっぱり世界的に紙離れの現象が起きてるんだね。

台 でも多くの人がネットの文字だけじゃ満足できなくて、実体のある出版物に対する需要も再び重視されてるよ。それに今はクラウドファウンディングの制度もあるし、この数年は若者のUターンブームで、「地方誌」も雨後のたけのこのようにたくさん生まれてる。なかなか注目する価値があるよ。

47 古い建物の
リノベーションが流行ってるの？
最近很流行老屋翻新嗎？

　　台灣從 2000 年左右，改建案逐年增加，現在可說正迎接「空前的改建風潮」。例如在 1932 年日治時期中開幕的林百貨，於 2014 年重新改裝開幕。台中某所約 90 年前的眼科診所，直接續用當時的名稱「宮原眼科」，搖身一變成甜點店，在 2002 年開幕。在台北，以往的國營酒廠改建成華山 1914 創意文化園區，菸廠成為松山文創園區，化身為複合式的新型藝文基地。另外連一般住宅地和眷村也搭上這波改建風潮，像寶藏巖國際藝術村或四四南村……等，保有歷史記憶之餘，同時變化成新的定位。此外台灣各地可見這種老屋改建案，如果有機會造訪台灣，請務必來感受一下歷史與現代的氣息。

　　不過就如同其他國家，在迎接改建風潮之前，民眾普遍有「老東西很醜，新品比較好」的觀念。但是在 2002 年，台灣政府在建設藍圖當中，提出「文化創意產業發展計畫」的草案，改變社會整體的風氣。文化創意，也就是促進推廣台灣原創的文化發展，其中一環就是歷史古蹟及老屋的再生。

　　那些無處可用，所有權屬於政府的廢墟，廣招標案，由民間企業主導改建及之後的營運，這種方式大大奏效，一般台灣民眾也建立起「老物再生」的觀念，開始追求台灣的特色，並學會搭配設計和創新的觀點。這種觀念現在通稱為「文創」，不只是建築物，雜貨小物或老店的商品包裝……等，各領域的「傳統之美」得以活出新生命。這一波風潮也許已經超越短暫的熱潮，漸漸演變為台灣文化之一。

開幕	オープン（する）
眷村	戦後、台湾に移住した国民党の軍人とその家族の集合住宅がある地域
老屋	古民家
招標	入札を募集する
營運	営業および運営する

台湾では 2000 年代からリノベーション物件が増加し、現在は「空前のリノベーションブーム」を迎えていると言えます。例えば日本統治時代の 1932 年に開業したハヤシ百貨店は 2014 年にリニューアルオープン。台中で約 90 年前に眼科だった場所では、当時の名をそのまま冠したスイーツショップ宮原眼科が 2002 年にオープン。台北では、かつての酒造工場が華山 1914 創意文化園区へ、煙草工場が松山文創園区へとリノベーションされ、新しく複合施設として生まれ変わりました。さらに一般の住宅地や「眷村」までリノベーションの波に乗り、宝蔵巌国際芸術村や四四南村など、歴史の名残を残しつつ新しいスポットへと変化しています。そのほかにも台湾各地にリノベーション物件がありますので、もし台湾を訪れる機会があれば、ぜひ歴史と現代の息吹を感じていただきたいです。

　しかしほかの国と同じように、リノベーションブームの前は「古いものはダサい、新しいものがいい」という考え方が一般的でした。しかし 2002 年、台湾政府が発展計画の一環として「文化創意産業の発展計画」の草案を打ち出したことから、社会全体の空気に変化が生まれます。「文化創意」、つまり台湾ならではの文化創造を促進させようというもので、その中の一つに、歴史的建造物や古民家の再利用があったのです。

　これまで使い道のなかった政府所有の廃墟などを大々的にコンペにかけ、民間企業にリノベーションとその後の運営を任せるという方法が功を奏し、一般の台湾人も「古いものを再利用する」ことが台湾らしさの追求にもつながり、またそこに高いデザイン性や新しさも加味できるという考え方を学び取りました。このような概念は今では「文創」という略称で親しまれ、建築物だけでなく雑貨や老舗店の商品パッケージなど、いろいろな分野で「古きよきもの」の再生が行われています。こうした一連の潮流はすでに一過性のブームではなく、だんだんと台湾の一文化に変化しつつあります。

為何這麼多人喜歡安藤忠雄？

日 建築師安藤忠雄，在台灣的粉絲好像比在日本還多。

台 人家是國際知名的建築師，善用清水混凝土的風格，在當時的台灣看來很新鮮。東西與新舊，混合兩種極端的元素手法也很棒。

日 就算是這樣，很少有建築師演講能裝滿台北小巨蛋或台北國際會議中心等數千人的場地吧！他的人氣簡直是巨星級。

台 某種程度，可以說他就是巨星啊。當然對建築風格的崇拜是人氣的要因之一，不過他的經歷也很特別喔！通常縱橫國際的建築師出身都很不平凡，和普通人不可相提並論，但是安藤忠雄不一樣。

日 我記得他是出身在普通家庭，學歷是高中畢業，沒有接受過專業的建築設計訓練，是吧？

台 沒錯，他曾經為了生存，去當過拳擊手，獨自一個日本人靠自學鑽研建築設計，現在成為一流的建築師，在世界各地到處留下許多建築作品。安藤忠雄走過的路，最能夠帶給眾人勇氣和希望。

日 你好熟喔！

台 在台灣有專門研究安藤忠雄的建築學者，經常介紹他的事情，這點程度的知識，就算不是建築專家也都聽過喔！

日 安藤忠雄在台灣的作品是，2013 年完成的亞洲大學附設亞洲現代美術館吧？還有另外一位伊東豐雄在台灣的建築作品也很多。

台 在台灣提到日本的建築師，就屬安藤忠雄和伊東豐雄最有名氣。伊東豐雄設計過台中國家歌劇院和台北世界貿易中心廣場，他展現曲線美的作品和強調直線的安藤作品有如對照，兩者皆有廣大的支持者。

どうして安藤忠雄好きな人が多いの？

日 建築家の安藤忠雄は、日本より台湾の方がファンが多いみたいだね。

台 国際的な建築家だし、コンクリート打ちっ放しの作風が、当時の台湾では新鮮に受け止められたんだ。東洋と西洋、新旧、対極にある二つの要素を併せ持っているのもいい。

日 それにしても、台北アリーナとか台北国際会議センターで数千人以上の集客ができる建築家はそういないよね。人気がもはや大スター並み。

台 ある意味スター的な存在だといってもいいと思うよ。もちろん作風に対するリスペクトも人気の要因の一つではあるけど、彼は経歴も異色でしょ？ 普通、国際的に活躍する建築家は生まれも育ちも一般人とはかけ離れているイメージだけど、安藤忠雄は違う。

日 確か一般家庭で育って学歴は高卒、専門的な建築の教育を受けたわけではないんだよね。

台 そう。ボクサーで生計を立てていた時代もあった一人の日本人が独学で建築を学び、今や一流の建築家として世界中を飛び回りたくさんの建築物を残してる。安藤忠雄の歩んできた道そのものが、誰もに勇気や希望を与えるの。

日 ずいぶん詳しいんだね。

台 台湾で安藤忠雄を研究する建築の専門家が、彼に関する情報を発信してるから、このくらいは建築が専門外でもみんな知ってるよ。

日 台湾の安藤忠雄作品は、2013 年に完成した亜洲大学併設の亜洲現代美術館だよね。それにもう一人、伊東豊雄の建築物も台湾にはとても多い。

台 台湾で日本の建築家といえば、安藤忠雄か伊東豊雄が人気だよ。伊東豊雄は、台中国家歌劇院や台北世界貿易センター広場など曲線を生かした美しい建築が、直線の安藤と対照的だけど、両者とも大勢の人に支持されてる。

手搖杯

「手搖杯」は手で振って飲むドリンクの通称で、「ドリンクスタンドで調合した作り
たての飲み物」を指す。現在多くのドリンクスタンドでは機械が人間に取って代わり、
本来の「手搖」は少なくなった。しかし「作り立て」は依然として必須条件のため、
コンビニで売られているペットボトルやプラスチックのカップに入った飲み物は「手
搖杯」とはいえない。タピオカミルクティーは「手搖杯」を代表する飲み物である
と同時に、「手搖杯」が普及する大きなきっかけとなったが、台湾人が愛して止まな
いのは、「手搖杯」の一つであるタピオカミルクティーだけではなく、すべての「手
搖杯」である。

文創

「文創」とは「文化創意」を縮めた言い方で、カルチャー＆クリエイティブの意を表
す。「文創」産業は別名コンテンツ産業とも呼ばれ、台湾政府は 2002 年から国内外
に向けて台湾の特色の打ち出しを開始した。オリジナリティーと商業的価値がセッ
トになった「文創」という言葉は、例えば「文創小物 (グッズ)」、「文創市集 (マーケッ
ト)」、「文創夜市」、「文創旅館（さらに略し『文旅』とも呼ばれる）」などいろいろ
な語と組み合わされ、流行語にもなった。

眷村

1949 年から 1960 年代、中国大陸の各地から大勢の軍人とその家族 200 万人以上
が台湾に移民した。彼らの住居問題を解決するため、政府は各地に簡易住宅を建て
たり、日本人が残した宿舎を改築したりした。それを軍種や職業によって、軍人と
その家族、すなわち「軍眷」に分配し、その集落は「眷村」と呼ばれるようになった。
眷村は政府所有の土地で、かつては 886 村以上、10 万戸近くあったが、現存する
のは 100 足らずで、多くは取り壊され改築、あるいは一部が歴史文化財として登録
されている。眷村文化と眷村料理は台湾特有といえる。

その他

第5章

其　他

48 血液型より星座を信じてるの？
相信星座勝過血型嗎？

　　星座在台灣有多重要？同事可能不記得你的姓氏，但是一定會問你的星座。

　　台灣人迷信星座的程度，說是世界之最也不過份，自我介紹不能不講星座，要了解一個人、要算機會運勢，幾乎都要參考星座。男女交往會用星座看合不合適，有些老闆甚至會以星座當徵才的考量，每天、每週、每月、每年都有星座專家推出運勢分析，〈年度星座解析大全〉永遠是年底暢銷書籍冠軍。

　　日本人會用血型去分析個性，比如 A 型嚴謹、B 型活潑、O 型隨興、AB 型自我……等，台灣人則是對星座有各種既定印象，牡羊座有行動力、金牛座愛存錢、雙子座善變、巨蟹座愛家、獅子座有領導能力、處女座龜毛、天秤座帥哥美女多、天蠍座心機重、射手座善交際、摩羯座神秘內斂、水瓶座聰明反應快、雙魚座多情又愛哭。每個星座的特色分明，因此很多台灣人會直接拿星座當自我介紹的方式。

　　台灣民眾有 44% 是 O 型，A 型和 B 型都在 25% 上下，但是只有在細分星座的屬性，或是去醫院做身體檢查的時候，才會提到血型，大部分台灣人並不清楚血型在個性上的傾向。

　　其他比較常見的占卜方式有塔羅牌、解夢、手相、姓名生肖……等，算命街常出現的鳥卦、米卦比較偏觀光取向，一般人不常用。當然傳統的算命方式也很受歡迎，其中「生辰八字」和「紫薇斗數」是兩大主流，都是用出生的日期和時刻，找算命老師推算命盤，指點迷津。

暢銷書	ベストセラー
既定印象	ステレオタイプ
龜毛	神経質で物事に細かい人。「グモ」と台湾語で発音されることが多い
占卜	占い
八字	出生した年・月・日・時から導き出された八つの要素を基にした占い。日本の四柱推命に似ている

台湾で、星座はどれだけ重要でしょうか。同僚はあなたの苗字を覚えていないかもしれませんが、星座はきっと尋ねます。

　台湾人の星座に対する盲信ぶりは、世界で最高と言っても大げさではありません。自己紹介では必ず星座を言いますし、人を理解し、運勢を知るために、星座を参考にするのがほとんどです。男女が交際する際に、星座の相性を確認したり、さらには人材募集の際に星座を考慮する社長もいるほどです。毎日、毎週、毎月、毎年、星座の専門家が運勢占いを公開し、「年間星座占い大全」は常に年末のベストセラーとなります。

　日本人は、例えば A 型は慎重、B 型は活発、O 型は自由気まま、AB 型はマイペースなど、血液型で性格を分析しますが、台湾人は星座に対してだけそれぞれのステレオタイプがあります。牡羊座は行動力があり、牡牛座は貯金が好きで、双子座は気まぐれ、蟹座は家族思い、獅子座はリーダーシップがあり、乙女座は細かすぎで、天秤座は美男美女が多く、さそり座は計算高い、射手座は人付き合いに長け、山羊座はミステリアスで内向的、水瓶座は頭がよく反応も早い、魚座は情が深く涙もろいと、各星座の特徴がはっきりしているので、多くの台湾人は直接星座でもって自己紹介のツールとするのです。

　台湾人の44％は O 型、A 型と B 型はそれぞれ約25％程度ですが、星座の属性を細分化したり、病院に検査に行ったりする場合にしか血液型には言及しません。ほとんどの台湾人は、血液型における性格の傾向は知らないでしょう。

　そのほかの一般的な占いは、タロットカード、夢占い、手相、姓名十二支などがあります。占い横丁でよく見る鳥占いやと米粒占いは観光客向けの傾向が強く、普通の人はあまり利用しません。もちろん伝統的な占いも人気があり、中でも「四柱推命」と「紫微斗数」の二つが主流です。どちらも生まれた日時から運勢を読み解き、占い師に正しい道を示してもらいます。

在廟裡把木塊丟到地上的儀式是什麼？

日 上次去龍山寺拜拜的時候，看到女生在求紅線之前，把兩塊紅色的木頭丟到地上好幾次，那是什麼意思？

台 兩個半月型的木頭是吧？那是「擲筊」，請示神明意願的動作！因為人無法直接跟神明溝通，需要透過道具詢問。

日 要怎麼知道神明的回答？

台 那個木頭有分正反面，丟到地上之後，朝上的那面一正一反就是「同意」，兩個都是反面代表「反對」，兩面都是正面代表「再丟一次」。通常被要求再丟一次就是問題不夠明確，要換個方式重新發問。

日 很好懂！我下次知道該怎麼做了！

台 如果你跟神明許願要嫁給福山雅治，可能丟一百次都是「反對」或「再一次」，絕對不讓你拿紅線。

日 台灣的寺廟還有什麼不講不知道的實用服務嗎？

台 說到這個，住我家隔壁的高中生前陣子出車禍，明明只有腳受傷，可是驚嚇過度，一直說很不舒服，他媽媽帶他去廟裡「收驚」，現在好多了。

日 應該不是什麼神棍吧？合法嗎？

台 放心，沒有違法。道教認為人的靈魂分為「三魂七魄」，當人受到意外的衝擊，部分魂魄可能會飛出體外，讓人感到心神不寧、發冷作嘔，這時就要到廟裡面，請道姑幫忙把自己的魂魄找回來，恢復精神安定。也因為有這種概念，我們會用「失魂落魄」形容很沮喪、沒有精神的人。

お寺で赤い木片を落としてたけど何？

日 この前、龍山寺にお参りに行ったとき、女性が赤い糸をもらう前に、二つの赤い木片を地面に何回も落としてるのを見たけど、あれは何？

台 二つの半月型の木片でしょ？　あれは「擲筊（ボアポエ）」っていう、神様に意向を問う行為なの！　人間は直接神様とコミュニケーションを取ることはできないから、道具を通して聞く必要があるんだよ。

日 神様の答えはどうすると分かるの？

台 あの木片には裏表があって、地面に投げた後、それぞれ1枚ずつ表と裏が上を向いていたら「賛成」、二つとも裏だったら「反対」、二つとも表だったら「もう一回」っていう意味なの。普通は、もう一回投げるよう要求される場合は聞き方が分かりづらかったと考えて、質問の仕方を変えてやり直すんだ。

日 分かりやすい！　今度はどうするのか分かったよ！

台 もし福山雅治と結婚したいって神様にお願いして、百回投げたとしても、たぶんずっと「反対」か「もう一回」で、絶対赤い糸はもらえないと思うよ。

日 台湾のお寺で、ほかに何か聞かなければ分からないサービスってある？

台 そういえばこの前、うちの近所に住んでる高校生が車の事故に遭って、明らかに足しかけがしてないのに、ショックが大きすぎて、ずっと具合が悪いって言ってたんだよね。母親がお寺に連れていって「お祓い」をしてもらったら、すっかりよくなったんだ。

日 霊感商法ってわけじゃないよね？　合法なの？

台 違法じゃないから安心してね。道教では、霊魂は「三つの魂と七つの魄」に分けられると考えられていて、人は思いがけないショックを受けたとき、一部の魂魄（こんぱく）が体の外に飛び出してしまって、落ち着かない気持ちになったり、寒気や吐き気がしたりする。そういときはお寺に行って、女道士に魂魄を戻してもらうと、元気が取り戻せるんだよ。こういう概念があるから、気落ちしたり元気がない人を「失魂落魄」と形容するんだ。

49 宗教の比率は？
宗教的比例是？

　　台灣在憲法的保護之下，擁有宗教信仰的自由。各路信仰在台灣百花齊放，要了解當代台灣人的宗教觀，其實複雜又簡單，絕大部分的台灣人信奉某種形式的民間信仰，一部分的人擁有固定宗教，其中以佛教與道教居多。

　　台灣的民間信仰以「儒學、道教、佛教」綜合的形式為主。求學問要拜孔廟、求姻緣要拜月老、求財開運要拜關公、保平安要拜媽祖……眾神明支持人民的心靈生活。廟宇是早期社會的聚落中心，以神明為中心團結外來人口，舉凡新生兒命名、收驚、改運、生老病死大小事都可求助廟公。如同日本的神社，台灣各地皆可見小型的「土地廟」，土地公是地方守護神，就近保佑當地居民。

　　此外，佛、道教衍生出的某些流派或新興宗教在部分地區相當盛行，隨著來自東南亞的新住民和移工數量增加，天主教、基督教與伊斯蘭教的信眾比例也有與日俱增的現象。桃園機場或台北車站等交通要地，近年增設祈禱室和禮拜室，特殊節日也可見宗教團體的大型聚會。

　　相較於其他宗教傾向明顯的國家，信仰在台灣社會不是生活的準則，比較接近日常習慣，每個族群和平相處、互相尊重。最顯而易懂的例子就在台灣大學旁邊，全台最大的清真寺和天主教教堂比鄰而居，幾十年互不干涉，對台灣而言是理所當然的風景。

百花齊放	芸術活動が自由に行われること
月老	縁結びの神様、月下老人の愛称
關公	関帝廟に祀られている関帝（関羽）の尊称
土地廟	土地神様の廟
天主教	カトリック
伊斯蘭教	イスラム教

憲法の保護の下、台湾には信仰の自由があり、それぞれの宗教は台湾で自由に発展しています。現代の台湾人の宗教観を理解するのは、実は複雑であり単純でもあります。ほとんどの台湾人は何らかの形で信じている民間信仰がありますが、一部の人々は特定の宗教を持ち、そのほとんどが仏教と道教です。

　台湾の民間信仰は、主に「儒教、道教、仏教」のミックス型です。学業成就なら孔子廟、結婚祈願なら月下老人、開運金運なら関帝廟、家内安全健康祈願なら媽祖（まそ）にお参り……と、たくさんの神様が人々の心を支えています。廟は昔、社会の集落の中心にあり、神様は外から来た人々が団結する中心でした。新生児の命名や夜泣き、開運、出産、老後の生活、治療、埋葬など、大小さまざまなことで道士（仏教の僧侶に相当）に助けを求めます。日本の神社のように、台湾各地で小さな「土地廟」が見ることができます。土地の神様は地元の守護神であり、地元の住民を守っているのです。

　このほか、仏教や道教から派生した流派や新興宗教は、一部の地域で非常に人気があります。東南アジア出身の新エスニックグループと移住労働者数の増加に伴い、カトリック、キリスト教、イスラム教の信者の割合も日々増加しています。桃園空港や台北駅などの主要な交通機関では、近年、祈祷室と礼拝堂が増設され、特別な祭日には宗教団体の大規模な集まりも見られます。

　はっきりとした宗教性があるほかの国と比較して、台湾社会において信仰は生活の中で絶対的に従うものではなく、日常生活の習慣に近いものです。それぞれの民族が平和に付き合い、お互いを尊重すれば問題ありません。最も顕著で分かりやすい例は、台湾大学の隣にあります。台湾最大のモスクとカトリック教会が隣り合っていますが、何十年もお互いに干渉していません。台湾では非常に当たり前の風景だといえるでしょう。

店門口的紅色鐵桶不是垃圾桶嗎?

日 對面的美容院門口有一個紅色的鐵桶，那不是垃圾桶嗎？

台 不是不是，千萬別丟垃圾進去！

日 還好我有先問你，不然就糗大了，那是用來做什麼的？

台 那是用來「燒紙錢」的「金爐」。你知道什麼是紙錢嗎？

日 不知道，紙錢不就是紙做的錢嗎？

台 不太一樣喔！紙錢又稱為「冥紙」，是專門給亡者在陰間用的錢。只要心裡想著對方，把「紙錢」點火燒掉，就代表把這筆錢送過去了。台灣人會燒紙錢給祖先，讓他們在那個世界過好一點，也會燒給孤魂野鬼，請求他們不要來作亂。

日 那我就懂了，難怪鐵桶看來髒髒黑黑的，我差點以為是垃圾桶。

台 把垃圾丟進去會被店家罵吧！商店在每個月的農曆初一十五要拜拜，通常會在門口燒紙錢，有些店家懶得收，金爐就直接放在門外了，的確看起來有點像垃圾桶。

店の前の赤い桶はごみ箱ですか？

日 向かいの美容院のドアの前に赤い鉄の桶があるんだけど、ごみ箱じゃないよね？

台 違う違う、絶対ごみなんか捨てちゃダメだよ！

日 先に聞いてよかった。そうじゃなければ、まずいことになってたよ。じゃあ何に使うの？

台 あれは「紙銭を焼く」「金のかまど」だよ。紙銭って知ってる？

日 知らない。紙銭って紙で作ったお金じゃないの？

台 少し違うんだな！　紙銭は「冥銭」ともいって、死者があの世で使うお金のこと。心の中で相手を思いながら紙銭を焼くと、そのお金はあの世に届けられたことになる。台湾人は祖先があの世で少しでもよく過ごせるように紙銭を焼いてあげるんだ。供養してもらえない孤独な魂に向けて、こちらに来て面倒を起こさないでくださいという意味で焼くこともある。

日 なら分かった。だから鉄の桶は汚くて黒っぽいんだね。下手したらごみ箱だと思うところだったよ。

台 ごみを捨てたら、お店の人に怒られるよね。お店では旧暦の１日と15日はお参りして、普通は入り口で紙銭を焼くんだよ。金のかまどが外に出しっぱなしのまま片付けるのをサボるお店もあるから、確かにそれを見たらちょっとごみ箱に似てるね。

50 台湾人ってどうしてあんなに親切なの？
台灣人為什麼那麼親切呢？

　　日本人一開始接觸到台灣人的時候，第一印象應該會是「親切」吧？的確平常在台灣，主動親切待人是很自然的事，光是到台灣旅遊就不難遇到陌生人帶路或幫忙的狀況，不少人從這點接觸到台灣人的善意。

　　日本 311 大地震湧進超過 200 億日圓善款的事記憶猶新，原因出於喜歡日本的人很多，以及感念於 921 大地震時，日本救難隊即時遠赴災區救援的貢獻，但其實台灣人不只是對日本好，每當他國發生災害，都會捐出大量的善款。 這種行動出自於根深蒂固的「助人為快樂之本」精神。

　　另外，台灣人適應環境的應變能力也非常強。有鑑於台灣一路以來有太多需要順應現狀求生存的歷史背景，遇到個人無力改變事態的狀況時，台灣人面對的方式是，拿出判斷現狀的臨機應變能力、勇於放棄的乾脆果斷、以及對結果的樂觀態度，也因此特別善於「先做再說」，凡事付諸行動。「先做做看，不行再改」的觀念很普遍，年輕人樂於挑戰的社會氣氛也許就來自於此。因此也會看到新店鋪才開張不到半年就關店或搬家，顯示出汰換頻繁的那一面。

　　基於這種心態，不想提早約時間的人也很多。台灣人喜歡看狀況隨機行動，之後的事都會希望「等接近了再說」。

　　另外，對服裝儀容也非常寬容，幾乎沒有所謂時間場合的限制。不論季節感，不看年齡，穿自己想穿的衣服就好，社會整體有不用在意他人觀感的隨興氣氛。近年來更是呼籲要尊重多元文化，善於吸收新的外來文化並巧妙地融入台灣本土風格中的年輕世代，正漸漸嶄露頭角。

善意	善意、好意
善款	寄附金
應變能力	適応能力
限制	制限する、規制する
嶄露頭角	群を抜いて頭角を現す

まず日本人が台湾人に接したとき、最初に持つ印象は「親切」ではないでしょうか。確かに台湾の日常には、積極的な親切心に満ちあふれており、それは台湾へ旅行するだけでも、見ず知らずの人に道案内をしてもらったり、助けてもらったりという形で、その一端に触れる人も少なくないことでしょう。

　東日本大震災で200億円超の寄付をしてくれたことも記憶に新しいと思います。親日家が多いこと、かつて921大地震のときに日本の救助隊がいち早く現地入りするなど救助の貢献への感謝の気持ちなども影響していますが、実は台湾人は、日本に限らず災害があった国にはその都度多くの寄付をしているのです。こうした行動の根底には「人助けは幸せの源」という助け合いの精神が深く根付いています。

　そのほか、台湾人は環境適応能力も非常に高いです。台湾はこれまでずっと、過剰な適応力で生き延びてきた歴史背景があります。個人の力ではどうにもならない状況の際、台湾人は即座に現状を判断して臨機応変に動く力、潔い諦めのよさ、そして結果に対しては楽観的な態度でもって対処します。ですので、「まずはやってみる」という行動力にとても長けています。「やってみて、だめだったら方向転換すればいい」という考え方が浸透しているので、若者にも挑戦しやすい社会といえるかもしれません。そのため新しいお店が開店して半年も経たないうちに閉まっていたり、移転したりと入れ替わりが激しい一面もあります。

　そのような考え方に基づいているので、先の約束はしたがらない人が多いです。状況の変化によってフレキシブルに動くのを好むため、未来の話は「近くなったら」ということになるのでしょう。

　そのほか、服装に関してとても寛容で、TPO上での制約などはほぼありません。季節感がなくても、年甲斐がなくても、本人が着たい服を着ればいい。社会全体に、他人の目を気にしなくていい大らかな空気が流れています。近年はさらに多様な文化を尊重することがアピールされており、新しい外来文化を取り入れ台湾風にアレンジしていく器用さを持った若い世代もどんどん頭角を現しています。

出國代購是很常見的事嗎？

日 我常聽住在台灣的日本人說，有誰暫時要回國，就會被拜託代購。

台 這在台灣不意外啊！其實不僅是日本人，親朋好友有人要出國就會拜託一下。而且不只是熟人，有時候連不熟的人也會拜託。

日 在便利商店就找得到的東西也就算了，有時候代購的要求很多、在一般的店沒賣，又大又重、不容易買到的東西也會被拜託，我想不少日本人都很傷腦筋。

台 不方便可以直接拒絕喔！求代購的那方是順口講講，拒絕也不用想太多，台灣人就算被拒絕也不會在意的。

日 是這樣子喔！每次被拜託代購都很難拒絕，可是又不想犧牲自己的時間去配合要求，害我內心好糾結。

台 台灣人本來就認為互相添麻煩是理所當然的，有藉由互相拜託去增進感情的文化，所以要拜別人做事情很容易，被拜託的時候也才會盡量想辦法幫忙。

日 原來如此。所以被拜託代購的時候，可以當作對方想跟我交朋友嗎？

台 有時候是這樣，有時候是單純想買日本的東西。

日 好難判別喔。

台 所以你只要答應在自己能力範圍內的代購就好啦！

海外へ行く人に「買ってきて」と頼むのは普通？

日　台湾に住む日本人の間では、日本に一時帰国するときに買い物を頼まれるってよく聞くけど。

台　それは台湾では普通だね。日本人に限らず、友達や親戚が外国に行く場合にも頼んじゃうよ。親しい人ならもちろん、たまにあまり知らない人にも頼んだり。

日　コンビニでも探せるものならまだいいんだけど、やたら指定が多くて普通のお店では売ってなかったり、大きかったり、重かったりで、リクエストに応えるのが大変な物もあるんだよ。結構困ってる日本人も多いと思う。

台　無理なら直接断っていいんだよ。頼む方も気軽なら、断るのも気軽でいいの。台湾人はたとえ断られても気にしないから。

日　そうだったんだ！　頼まれるとどうにも断りづらいから、自分の時間を犠牲にしてリクエストに応えなくちゃいけないのか、というジレンマに苦しんでたよ。

台　台湾人はもともと、迷惑をかけあって当たり前。迷惑をかけ合いながら仲良くなっていく文化があるから、頼み事も気軽にするし、頼まれたとき、自分にできることならなるべく親身になろうと思うんだ。

日　なるほど。じゃあ頼まれ事をするっていうのは、仲良くなりたいって思ってくれてるってこと？

台　そういう場合もあるし、単純に日本の物が買いたいだけってこともあるかもしれない。

日　見極めるのは難しいね。

台　だから、頼まれ事は自分にできる範囲ですればいいんだ。

第1章 ● 日常生活

第2章 ● 地理歴史

第3章 ● 現代社会

第4章 ● 文化芸術

第5章 ● その他

223

■著者プロフィール

二瓶里美（にへい さとみ）

台湾在住編集者、ライター。『中国語ジャーナル』（アルク）の編集を経て、2014年より台湾へ。日本語情報誌『な〜るほど・ザ・台湾』編集長を務めた後、日本語学習誌『ライブ互動日本語』（LiveABC）の編集に携わる。台湾旅行本、中華系エンターテインメント誌などに寄稿。各地FMラジオ局で放送中の「Asian Breeze」で台湾の現地情報を発信するコーナーを担当。

張 克柔（英語名：Chang Choco、チャン カーロウ）

フリーランス通訳・映画字幕翻訳者。『一屍到底（カメラを止めるな！）』や『飛翔吧！埼玉（翔んで埼玉）』など300本以上の字幕翻訳を手がける。台湾台中出身、台北在住。日本の監督、俳優やアーティストにとって、台湾でのイベントでは、通訳・アテンドとして欠かせない存在。映画制作や取材のコーディネーターとしても活躍。日本＆台湾カルチャーに精通。

■校正
胡 邦妮

■取材協力

洪 麗蓉、洪 麗卿、劉 詩怡、高 譽真、黃 文虹、曽 瑞芳、楊 祥玉、李 佩妮、張 引真、吳 柏翰、謝 淳璧、樂 大維、陳 盈樺、何 欣俞、陳 宥榛、李 思穎、張 宥希、吳 巧婷、劉 詠綺、藍 儀珍、林 采蓉、陳 芃卉、萬 宜家

日本人が知りたい台湾人の当たり前
台湾華語リーディング

2020年 5月30日　第1刷発行
2022年 10月30日　第3刷発行

著　者　二瓶里美、張 克柔
発行者　前田俊秀
発行所　株式会社 三修社
　　　　〒150-0001　東京都渋谷区神宮前 2-2-22
　　　　TEL03-3405-4511　FAX03-3405-4522
　　　　https://www.sanshusha.co.jp
　　　　振替 00190-9-72758
　　　　編集担当　安田美佳子
印刷所　日経印刷株式会社

本文・カバーデザイン：ブレインズ・ラボ